青年律师成长三十六讲

GROW UP
YOUNG LAWYERS

余安平/著

法律出版社 | LAW PRESS
北京

图书在版编目（CIP）数据

青年律师成长三十六讲 / 余安平著. -- 北京 ：法律出版社，2024. -- ISBN 978-7-5197-9690-7

Ⅰ. D926.5

中国国家版本馆 CIP 数据核字第 202469TT91 号

青年律师成长三十六讲
QINGNIAN LÜSHI CHENGZHANG SANSHILIU JIANG

余安平 著

责任编辑 孔明林
装帧设计 贾丹丹

出版发行 法律出版社
编辑统筹 学术·对外出版分社
责任校对 李慧艳
责任印制 胡晓雅　宋万春
经　　销 新华书店

开本 880 毫米×1230 毫米　1/32
印张 10.375　　**字数** 170 千
版本 2024 年 11 月第 1 版
印次 2024 年 11 月第 1 次印刷
印刷 永清县金鑫印刷有限公司

地址：北京市丰台区莲花池西里 7 号（100073）
网址：www.lawpress.com.cn
投稿邮箱：info@lawpress.com.cn
举报盗版邮箱：jbwq@lawpress.com.cn
销售电话：010-83938349
客服电话：010-83938350
咨询电话：010-63939796

书号：ISBN 978-7-5197-9690-7　　**定价**：58.00 元

凡购买本社图书，如有印装错误，我社负责退换。电话：010-83938349

律师的品牌锻造与社会影响力

序一

有幸连续为余安平律师的3本佳作作序，着实有缘：2019年，安平出版准自传体文集《三十而律》，回顾与反思自己闯荡他乡改行做律师的最初10年心路历程，我的序言标题是“平凡的力量”；2023年，安平的《技术辩护三十六讲》面世，我的序言标题是“律师的工匠精神与法治理念”；2024年，他的《青年律师成长三十六讲》又将付梓。这让我看到一名优秀同行如何有效锻造律师品牌（打造专业“人设”）不断提升社会影响力（社会认可与职业能量）的勤勉与智慧。

成长不能超越过程，平淡铺就通往卓越之路。安平律师的职业经历，生动展示了律师不断积累社会资源、有效锻造律师品牌与提升社会影响力的三种基本路径。

一曰法律模式，即能通过一起起诉讼案件或非诉法律事务的处理，定纷止争，解决社会问题。

二曰政治模式，或成为人大代表、政协委员积极参政议政；或成为公众力量的组成部分，参与权力监督。

三曰文化模式，或对时事进行评述，传播民主法治理念；或进行专业研究，并通过著书立说、授课讲演传播成果。

显然，安平最勤奋、最擅长的，乃是秉持专业主义精神，通过各种文化传播来打造自身的专业律师“人设”；与之相辅相成的，则是安平专注刑事辩护近20年来个人业务水平与社会影响力的不断提升。现在安平有幸担任广东省律协刑委会的副主任，更积累了诸多“无罪”“改判”“免死”的成功战例；相信在不久的将来，他还能够在更广阔的天地中做更多的事情。

律师锻造品牌、影响社会的基础是其所有效掌握的社会资源。安平律师的职业经历，深刻揭示出律师如何不断积累以下三类资源，从而不断提升专业能力与职业能量的成长历程：

一曰人力资源。律师首先要“有才”，得打造好职业“人设”。不同的律师职业声望与社会影响力不同，很大程度上是因为律师个人魅力与专业能力乃至气度修养的差异。有效提升律师专业能力、打造专业“人设”需要优术、明道、取势。“术”指律师的专业技能。凭借法律技能为客户解决实际问题的实战能力，是律师安身立命之本。专业技术精湛的律师，对某一领域的政策、法律、法规、行规等规则都非常精通，具有较强的实务操作能力。在法庭上，他们能把握庭审、引导庭审；在非诉业务中，他们能洞悉各方当事人真正的诉求且注重通过把握具体的细节来解决问题。技术必须是实用的，其稀缺度、高端性往往决定了律师职业技能在综合法律业务中所占的比重。“道”指律师的人生智慧。从容不迫、宠辱不惊、世事洞明、人情练达，并使之与专业技术相平衡。处理纠纷、矛盾是一门综合性的学问，不同气质、修养，体现不同的待人接物技巧。如果说《技术辩护三十六讲》更偏向于从“优术”层面提升技能的专业范畴，《青年律师成长三十六讲》则更偏向于“明道”的智慧境界，从智商到情商、从个人能力到团队精神与合作智慧。“势”指律师的事业平台。包括三层含义：一是律师切入市场的起点要尽可能高，“定位决定地位，思路决定出路”“自由在高处，功夫在诗外”；二是律师所处的凝聚社会资源的平台要尽可能好，即律师所处的城市、律所具有优势地位；三是在工作过程中与同行、同事乃至社会各界良性互动，把事情做好。

二曰人气资源。律师还得要“有名”，必须赢得市场认同。律师是法律人、政治人、文化人与商人的四位一体，市场营销是其不可或缺的职业需要，我更倾向于称之为律师的品牌锻造与社会影响力提升。赢得业界、市场、公众认可而“出名”，是一种社会地位与公共资源赋予。正因为“名”是一种社会公共资源，所以原则上其质与量都要高于纯属于律师个体资源的“才”。律师“出名”需要兼具“知名度”“美誉度”“专业度”：仅有知名度没有美誉度无异于律师的“裸奔”，仅有知名度和美誉度而没有专业度也是不够的，要看出什么名、在哪出名、怎样出名。

三曰人脉资源。律师必须有“实力”，职业能量值得信赖。人是一切社会资源的载体，律师与不同人士之间的关系背后其实体现的是社会公共资源。“老板”的背后是优质的货币及其他形式的资金、资本资源，是能够产生经济价值的社会公共资源；“媒体”的背后是舆论，尤其在移动互联时代，媒体乃素有“第四种权力”之称的优质社会公共资源；“学界”的背后是对某一专业领域能力与成就的社会认可，同样是一种优质的公共资源……

律师的“才”是“名”的基础，“才”与“名”是维系“人脉”的基础。青年律师理应当炼好“内功”：努力打造专业的自我，做一个智慧能干活的人；努力打造丰富的自我，做一个有趣、会生活的人；努力打造高尚的自我，做一个勇敢、能担当的人。如此，方可不断赢得客户与公众的认同。在此基础上，有效统筹各种市场资源、资本资源、人力资源、媒体等资源，形成有效为客户解决问题的“职业能量”。

虽然对安平的不少理念和观点持保留意见，但这并不妨碍我对他勤于思考与表达的尊敬。同时，毛姆的这句话极大地安慰到我：“人类之所以进步，主要原因是下一代不听上一代的话！”事业需要薪火相传，我们所有人都不过律师“职业生命链条”中的不同阶段或不同环节，要相信与尊重年轻人的鉴别能力。尊重长者而非顶礼膜拜、敬畏后生而非居高临下，这或许是我们活在当下与面对历史应当秉持的姿态。

是为序。

吕良彪

北京大成律师事务所高级合伙人

中国政法大学商学院客座教授

中国人民大学法学院客座教授、硕士生导师

2024 年 11 月于北京

见证青年律师成长

序二

安平律师是广东卓凡律师事务所的合伙人、执业律师，也是第十二届广东省律师协会刑事专业委员会副主任。恰好，我是广东卓凡律师事务所主任，第一个面试安平，并培养他从助理、实习律师、执业律师到合伙人。因此，我见证了安平律师从成长到成材的发展历程。

广东省律协刑事专业委员会是在第十二届广东省律师协会工作分工中，由我直接分管的六个刑事方向的专业委员会之一，安平在省刑委担任副主任，其表现可圈可点，尽在我视野之内。从作品的真实性角度来看，安平邀请我来作序，基本上完成了全部的举证义务和责任，也是最简单的举证方式。我愿意说，本书所涉猎的人和事都是真实存在的，可回溯、可求证。

我和安平等同事经营广东卓凡律师事务所多年。我的经验是，许多有跨专业背景的人更适合从事执业律师，他们可能比纯法学专业的学生更有广阔的视野和更大胆的想象力，解决问题的方法和技能也更强。安平来卓凡求职是我面试的，他的历史学教育背景和从教的经历打动了我，我爽快地接纳了他，并鼓励他发挥所长。安平面对同行和社会人士质疑他非法学专业出身是否存在法学理论短板时，我多次对外澄清：其实，安平做得比很多纯法学专业背景的律师更好。

具有历史学教育背景的安平律师，比其他人更善于讲故事，善于总结、归纳和提炼要点，在思考和写作方面持之以恒。为此，安平常被业界口口相传。刑事律师既要说服检察官又要说服法官，最后还要说服委托人。因此，把枯燥无味、逻辑缜密的法律条文和扑朔迷离的案情讲清楚，需要天分和长期的训练。

安平律师在执业过程中成功的秘籍之一，就是善于化繁为简，把深奥的法理演化为生活常识、常情、常理，去说服警方、检察官和法官。本书三十六讲其实是安平履职过程的记录，安平把对执业和法律人生的所思所想写下来，给后来人看。这也是一个时代中国执业律师的成长和发展的历史故事。

安平把青年律师的成长分为六个阶段：助理期、生存期、发展期、稳定期、成熟期和品牌期。这个分段是科学的，是青年人离开大学校门、跨入律师事务所之后的必经之路。其中，有助理期和生存期的辛酸，如拿着较低工资却干着法律从业者工作并兼职勤杂人员、司机、生活秘书的活。

青年律师应当完成各个阶段的任务和目标，比如寻找合适的律所，加入团队，进行专业训练，晋升为合伙人，参与律所管理，进入律师协会、法学会等机构和平台……安平通过其自身成长的经历，把故事逐一讲通讲透。落到实处"每一宗成功办理的案件都是辛勤劳作的结果"。

本书许多观点和逻辑，与我多年来在卓凡和在行业宣导的内容具有异曲同工之妙。我为卓凡年轻人讲"律师与客户"，提及律师要注重内外部营销，更重要的是内部营销。安平巧妙地表达为"律师的剩余案源"是青年律师在助理期、生存期和发展期必须重点对接的。

我常常说，在传统文化语境下，我们的客户往往会寻求家族中最有影响力者来推荐律师，关注客户对接律师的路径非常重要。安平在书中告诉青年律师要关注八个圈层"亲属""亲戚""老乡""同学""同事""同行""私友""知己"，清晰明了地阐述青年律师如何寻找案源，如何自我营销，如何做好品牌建设。其中，其对"同行是最好的客户"的总结，体现出独到的理解和感悟。

起初，我担心本书会成为青年律师的“成功学”读本，只谈收入，不谈职业规范和理想信念。因此，在没有完整阅读时，我不敢答应为其写几句话。阅读全书后，我发现安平在本书中很好地吸收了我在广东省行业高质量发展论坛上所讲的关于律所高质量发展的观点，即高质量发展需要通过党建实体化、服务专业化、品控流程化、成长平台化和公益团队化的路径来实现。安平始终坚持党的领导，提醒青年人遵守行业规范，安全执业，扣好人生第一粒扣子，这是青年律师成长的基本前提和保障。难能可贵的是，安平用亲身经历告知青年律师通过做公益以及持久做公益，净化自己的心灵、新塑自己的形象、提振自己的正能量。这些主张，符合司法部提出的做党和人民满意好律师的 5 点希望的基本要求。

总之，安平在本书讲述其个人成长故事，分享了卓凡所的发展与变迁，既是个人的感悟，更是青年律师可以模仿借鉴的范例。

是为序。

杨择郡

广东省律师协会副会长

广东卓凡律师事务所主任

2024 年 11 月于广东惠州

青年律师成长，需要努力也需要借力

自序

2007年年底，我通过了司法考试。从湖北黄冈中学的老师到广东的律师，我没有任何人脉资源，即便在广东的校友也主要在教育战线。如何寻找律师事务所实习成为我需要思考的第一个问题。

正在我不知“计将安出”时，同事梁老师的先生启发了我。他是某司法局退休干部，对我的文笔与口才比较看好。他说，你千里迢迢来广东做律师，最大的“短板”就是缺乏社会资源，因此必须寻找能够发掘你的潜力、赏识你特长的大型律师事务所。这样的律师事务所，才能让你尽情展示文才、口才上的优势，才能让你借助律师事务所的案源锻炼自己。你的优势别人能用，那么你的劣势就不再是短板，反而成为别人与你合作发展的基础。

当时有几家律师事务所向我伸出了橄榄枝，但我不愿意投奔学生家长开的律师事务所，也不想投奔同事家属开的律师事务所。在滨江公园的惠州图书城看书时，我无意中发现了旁边的广东省卓凡律师事务所办公楼。于是，我走入了这家看起来略显朴素的律师事务所，开始了在广东省卓凡律师事务所长达16年的工作。

广东省卓凡律师事务所主任杨择郡律师很快安排了面试，他了解到我毕业于华中师范大学、任教于湖北黄冈中学、老家在大别山深处的小县城英山，当场表示欢迎我的加入。杨律师认为，我的毕业院校本身不错，我又在知名中学做过老师，在文笔、口才、讲课方面有明显优势。我老家在山区小县城的乡村，吃苦耐劳，适合出差办案。

后来我才知道，卓凡律师事务所有七八名律师都是教师出身，语文老师、物理老师、化学老师、生物老师甚至连体育老师都不缺，有我这位历史老师加入，更是百花齐放。我的指导律师王水文，就是语文老师出身，曾任某中学的教导主任。在青年律师当中，像我一样教师出身的不少，法学功底比我强的也有很多，亲戚朋友、同学校友在体制内尤其是司法领域的更常见，我如何才能脱颖而出，成为我必须思考的第二个问题。我要展示自己在写作、讲课、出差等方面让人看得见的优势。

通过司法考试之时,我就给自己制订了一个小目标——每天至少写一篇文章。加入律师事务所后,我依旧坚持自媒体写作,做到“日更”。没有案件时,我就解读法律规定、分析经典案例、点评社会热点。律师事务所也提供了很多机会,使我的讲课能力得到充分发挥。在实习律师阶段,我的重要任务是普法咨询、法律讲座。许多律师对几千人的讲座有些畏惧,我却是人越多越有兴趣,后来,我渐渐成为整个律师事务所最繁忙的公益普法宣传者。我作为实习律师深入学校、企业、监狱开讲座,让我收获了最初的人脉与人气。

2009 年年初,魏展谦律师听说我分析案件很不错,文笔也不错,于是向我的指导律师王水文要求招我为助理。此前我主要跟着王水文律师做非诉服务,此时增加了诉讼业务,可以“两条腿走路”了。魏律师说,安平啊,我不是把你看成实习律师用,我是把你当成执业律师用。那时房地产案件、婚姻家庭案件特别多,从接案、起草诉状到案件其他各环节,我都可以单独完成。即使是开庭,魏律师也只需要在旁边听着,必要时给予指导。

魏律师偶尔带着我办理刑事案件,我用心制作好会见笔录、阅卷笔录、询问提纲、质证提纲、辩论提纲,写辩护词时,我会参考学习知名律师的同罪名观点。

后来魏展谦律师说我“无师自通”，我也自称“野蛮生长型”，其实我是充分借助网络的力量。田文昌、高子程、斯伟江、陈有西、龙元富等喜欢网上晒成功案例、法律文书的网络大咖，都是我“偷功”的对象。我的博客“一梭烟雨”那时涨粉也快，许多知名律师都是我的“博(客好)友”，也是我学习模仿的对象。张明楷的《刑法学》，我更是一遍一遍地阅读。既然张教授主要谈如何“入罪”，我就反向研究如何“出罪”。

魏律师的一些案件经常得到《南方都市报》或《东江时报》的宣传。魏律师工作太忙，经常让我接待媒体朋友，甚至让我撰写律师点评。后来一些案件的律师点评，魏律师就让我处理。魏律师对我很照顾，一开始就给我提成，甚至说你虽然是实习律师，你的收入已经超过不少年轻的执业律师。

杨择郡律师会带着我参加一些应酬，我一个实习律师，能让人记住我的竟然是“黄冈中学历史老师”。只要是与文化人打交道，他们大多偏好听我讲一段历史。这些积累的人脉，多年以后给我提供了不少帮助，也为我走技术辩护路线以及如何正确处理与各方诉讼参与人的关系，积累了经验。

许多人抱着希望，拿到律师证就可以大干一番，我却有些忧虑。没有案源，我应该怎么办？那时律师事务所还没有多少团队的概念，实习律师执业后基本都是自行发展。闲来无事，我就去一些资深律师的办公室喝茶，跟他们聊聊天。他们喜欢听我讲历史故事，我也跟他们分享我的心得体会。一些律师觉得我还不错，于是分一些案件给我做。我自称“法律富士康”，任何律师的剩余案件都可以交给我，我能保证质量、认真完成，当事人及其家属不需要找这些律师，我都能妥善对接。至于薪酬，由资深律师分配，我关心的是有案件给我做。

在我执业最初的两年，律师事务所的许多律师尤其是李珍、钟锐、戴秋生、鄢义兵、黄庆龙、章利兵、洪华敏、郝国典等，都给我提供过案源。当时，许多案件对他们而言也许是“食之无味弃之可惜”的“鸡肋”，对我却是滋味无穷的美食。嘴甜、擅长学习、喜欢阅读的特点伴随我从学生到老师再到律师，我人缘一直不错，大家也愿意帮我。我有事就去办案，没事就读读书、写写文章，还喜欢找同事聊聊天。既然我把自己定位为办案律师，那么我的主要职责是通过学习提升办案理论水平，通过实战提高办案实务能力。

2010 年是我“小有进步”的一年。这一年，我在律师电视辩论赛的选拔赛中胜出，成为惠州市代表队的队长，这次辩论赛让我结识了诸多惠州市的青年才俊。

我发现自己虽然半路出家，但在青年律师群体里并不落下风，这让我有了勇气稳步向前。这一年，我办理马某破坏军事通信案时，尝试走出“无罪辩护争取轻罪判决”的辩护方法，全面否定公诉人意见，结果大获全胜。这一年，我告别了电动车，买了第一辆小汽车。

2011 年，我顺利熬过了“生存期”。律师同行的帮衬与支持、媒体的品牌宣传、我写文章“日更”带来的网络助力，终于使我逐渐具备了自己的案源。不过，我依旧把自己定位为办案律师，我需要考虑的是如何“磨刀”、如何“挥刀”、如何提高“刀法”。任何律师有案件找我合作，我都乐意服务并保证服务质量。此时公益普法服务我也不放松，经常去学校讲台“过一把瘾”，把写好的宣传稿交给报社，我的出镜率继续给我赋能。记者对我最高评价是，余律师写的宣传通稿已经达到《惠州日报》水平。

2012 年广东组织了“三打两建”工作。这一年是我刑事案件的“丰收年”，我办理了 34 起刑事案件，其中不乏无罪案件或者二审改判案件。这一年，我顺利跨出了刑事专业化的关键一步。

这一年，我坚持自己的辩护原则，但更注意方式方法。我放弃气势磅礴的“狂风刀法”，拿出了润物无声的“温柔一刀”。对公诉人、法官尊敬客气，对有罪证据的漏洞一针见血，成了我的招牌动作。“公诉人的指控于法无据”，“公诉人的意见缺乏有权机关规定依据”，“建议法庭不予认可”，成了我的惯用语言。

这一年，在杨择郡律师的建议下，我加入市律师协会维权委，在律师协会的平台上发声，注意与律师协会合作，为律师协会与办案机关交流时贡献意见和建议。

2013 年，卓凡律师事务所管理委员会提出专业化建设规划，此举正合我意，我“首倡义兵”提出成立卓凡刑事部。当时管理委员会要求 5 人以上才能成立业务部，我这里已经约好了王永平、利兴超，还缺两人咋办？我向杨择郡主任进言，一家律师事务所如果没有刑事部，就像一家大学没有理学院，就不能体现这家律师事务所的品牌价值。杨律师很快安排管理委员会成员、合伙人黄庆龙律师参加刑事部，由我、王永平、利兴超、林建源、卢建君律师加入刑事部，卓凡刑事部顺利组建。黄庆龙律师在我起草的刑事部成立申请书上签名，接着又以管理委员会的名义批准刑事部成立，对刑事部的诞生厥功至伟。但黄律师没有担任刑事部主任，而是让我与王永平来商定主任、秘书（长）人选。

我们后来才知道，卓凡刑事部不仅是卓凡律师事务所第一家业务部，而且是惠州第一家刑事部。我与王永平律师组成了“卓凡两平”最初的合作模式，我的热情与永平的稳健结合,我们借助律师事务所的助力,走出了专业化建设向品牌化建设转进的新路。

2014 年,卓凡律师事务所组建了第一家本地分所即仲恺(高新区)分所,这也是惠州第一家本地分所,甚至是除佛山外全省第一家本地分所。黄庆龙、章利兵等律师都邀请我去仲恺分所工作。

这一年,我拿到全省青年律师演讲一等奖。如果说 2010 年电视辩论赛让我有勇气在惠州成为一名出色的律师,那么 2014 年这次演讲比赛则让我有底气、毫无压力地面对全省的优秀律师。

2015 年是我"小丰收"的一年,业绩也"挤入 10%"。这一年我出现了"案源剩余",不仅可以挑选案件,还能组建团队。这一年,我开始借助网络面向全国拓展业务,无论是林卫峰记者帮我在《信息时报》开辟专栏写历史、法律文章,还是龙元富律师把我引荐给王思鲁律师,王思鲁律师把我推向全省乃至全国,都让我开始思考第三个问题,在惠州这样的小城市做执业律师,如何克服地域限制,与一线城市的律师同台竞技。

王思鲁律师带着我参加各种律师论坛,让我做主持人,还告诉我不能只做惠州的案件,要坚持每年多做外地的案件尤其是一线城市的案件,先提高办案能力再提高业内名气。我经常参加金牙大状论坛、中南刑辩论坛、东方刑辩之江论坛、文瑞律师论坛、中华毒品犯罪辩护论坛。讲座要抓住听众,不仅需要成功案例而且需要“金句”,这对我而言不是难事,我总能恰到好处用一些句子阐述我的观点。一些律师同行表示常听我的讲座,每次都做好笔记。

王思鲁律师还说,刑事辩护律师迈过“三道门槛”,才有底气著书立说。这“三道门槛”就是拿到二审改判、死刑免杀、无罪判决这些成功案例。我在2018年终于迈过这“三道门槛”,2019年有底气写作非虚构自传体散文《三十而律》。后来我向记者表示“每年写1本书”,结果竟然被写入《惠州日报》,这纸质版的新闻报道成为我的压力也是动力,这就有了历史散文《烟雨三国》、小说《小城律师》、专著《技术辩护三十六讲》的逐一出版。

2023年6月,我在法律出版社出版的《技术辩护三十六讲》售罄后于8月第二次印刷。编辑建议我再写一本书分享自己的成长经验。趁着闲暇,我总结了自己从业多年的心得,于是就有了这本《青年律师成长三十六讲》,希望对青年律师有所帮助。

余安平

2024年2月于惠州

目录

CONTENTS

第一编

助　理　期

Associate Period

实习律师需要学会用执业律师的思维考虑问题。做实习律师最大的好处就是，遇到任何困难可以向自己的指导律师求助。

第一讲 | 何为律师

“律师”一词,原是佛教中的一种称谓,即指善于背诵、讲解佛教典籍的僧人。《涅槃经·金刚身品》“如是能知佛法所作,善能解说,是名律师”。“律师”一词,也用于道家修行的品号,道家将修行的某个阶段或境界称之为律师境界。《唐六典·尚书礼部》“道士修行有三号,其一曰法师,其二曰威仪师,其三曰律师”。

为什么我们从事法律服务的专业人士没有被称为“法师”而是被称为“律师”,我认为,主要有两个原因。一是“法师”早就被佛家“抢注”为通晓佛法且能引导众生修行的人,名气太响亮难以用作他意;二是清末民初法学家沈家本、伍廷芳把我们这种执业人士称之为“律师”,也就约定俗成。

伍廷芳是中国籍律师的鼻祖,不过不是获得中国律师资格，而是获得英国律师资格。1877 年，伍廷芳在英国伦敦获得大律师资格，成为近代第一个获此资格的中国人。伍廷芳在辛亥革命后加入同盟会，先后担任中华民国军政府外交总长、南京临时政府司法总长，后追随孙中山担任护法军政府外交总长、财政总长兼广东省省长等职务。

沈家本曾担任晚清刑部右侍郎、修订法律大臣，并兼大理院正卿、法部右侍郎、资政院副总裁等职。沈家本精于经学和文字学，继承了中国学术传统中的考据方法和求实精神。他希望将儒家的道德准则同欧洲的刑罚机制结合起来，重视刑轻仁政的理想。他还曾参与晚清改革，主持制定了《大清民律》《大清商律草案》《刑事诉讼律草案》《民事诉讼律草案》等一系列法典，重视研究法理学，建议废止凌迟、枭首、戮尸、刺字等酷刑，提出了一系列法律改革主张，是中国法制现代化之先驱。

1911 年，沈家本、伍廷芳等人起草的《大清刑事民事诉讼法》中，首次引入"律师"名词，并规定原告、被告都可聘用律师出庭，"承审官应准被告或所延聘，得向原告当堂对诘"，"被告或所延律师，均准向原告各证人对诘"。沈家本还规定了律师不仅有刑事辩护、民事代理职权，还规定了法律援助制度、维护民族利益职责,与今天中国的律师制度相比毫不逊色。

1910年,沈家本起草的《法院编制法》中,再次规定了律师制度,“律师在法庭代理诉讼或辩护案件,其言语举动如有不当,审判长得禁止其代理辩护;其非律师而为诉讼代理人或辩护人者亦同”,律师出庭时“应服一定服制”。规范庭审秩序、规范律师着装,也是律师执业应有之义。

辛亥革命爆发后,江苏都督程德全宣布江苏独立,不久便在省内颁布了《律师暂行章程》。1912年,我国第一个律师行业组织上海律师公会,由一群留学日本的法学院学生发起成立,上海引领全国风潮。随后,苏杭辩护士会、南京律师公会等亦纷纷设立。在中央政府尚未出台相应立法的情况下,江浙沪等发达地区“先行先试”,率先试点。同年1月28日,具有全国统一性质的中华民国律师总会在上海成立,并制定《中华民国律师总工会章程》。该章程宣布,组成律师总工会的宗旨是:巩固法律,尊重人权。凡本会律师得在国内各级审判厅及公共会审庭辩护之权。同时,对律师资格、会员职责、收费标准作了具体规定。地方推动中央、民间推动官方,成为辛亥革命后律师行业发展的新风尚。

1912年2月12日,清政府下达《退位诏书》,“大清皇帝宣布赞成共和国体”。这份由晚清状元、实业家张謇起草的诏书颁布后,清王朝正式结束对全国的统治,权力移交给中华民国政府。北洋政府司法总长王宠惠在参议院会议中说,“近今学说以辩护士为司法上三联之一,既可以牵制法官而不至意为出入,且可代人之诉讼剖白是非,其用意深且远也。且以中国现状而论,国体已变为共和,从事法律之人当日益众。若尽使之为法官,势必有所不能。故亟宜励行此制,庶人民权利有所保障,而法政人才有所展布。此关于辩护制度之所以亟宜创设者也”。王宠惠之语,今日读来依旧振聋发聩,避免法官任意裁决,保障人民权益,才是律师的设立职责。

1912 年 9 月 16 日,中华民国北洋政府规定了《律师暂行章程》,这是中国近代第一部关于律师制度的单行法规,标志着中国律师制度的正式建立。曾任清政府外交部副大臣的曹汝霖,在中华民国北洋政府颁布《律师暂行章程》后,拿到第一号律师证书,成为中国历史上首位律师。能够从副部级行政次官转身为执业律师,“仕而优则律”,曹汝霖算不算开创了体制内官员改行出来做律师的先河?

袁世凯劝说曹汝霖不要做律师,要参加北洋政府入阁任要职。袁世凯问曹汝霖:“何必做律师?律师不是等于以前的‘讼师’吗?”曹汝霖答说,“律师与讼师,绝对不同,律师根据法律保障人权,讼师则歪曲事实,于中取利”。袁世凯的疑问,代表着时至今日许多人对律师的误解。曹汝霖的回答则是对传统“讼师”与新时代“律师”的本质性澄清。

1927 年,南京国民政府成立后,颁布了《律师章程》,继续推进律师行业的发展。1928 年,国民政府颁布的《刑事诉讼法》正式确立了律师的辩护权,明确了律师辩护、询问、会见等基本权利与接受指派提供法律援助的义务。陈独秀因“危害民国”被捕受审,无钱聘请律师。章士钊愿意免费为其辩护。章士钊有理有据全盘否定了公诉人意见,辩护词被写入东吴大学法学院教材,但他的辩护意见没有被法院全部采纳。不过,一审判决 13 年有期徒刑,二审改判 8 年有期徒刑,章士钊的辩护确实功不可没。

中华人民共和国成立后,律师出身的沈钧儒担任最高人民法院院长、律师出身的史良担任司法部部长,中国律师制度得到新发展。1954 年《宪法》规定“被告人有权获得辩护”,这是对律师制度的宪法保障。当时的律师被定性为“司法机关中为人民服务的国家工作人员”,律师为当事人提供服务不收取任何费用而是领取工资。这时律师身份也调整为“社会法律服务者”,开始允许收费。1956年,中国律师总数为3000余人,为中国的现代化建设提供了法律人才储备。

1959年,中国律师制度中断。1978年《宪法》恢复了辩护制度,这就为律师制度的恢复提供了宪法保障。1979年,司法部恢复重建,随即颁布了《关于恢复律师工作的通知》,北京等地开始筹建法律顾问处。1979年年底,中国律师人数突破5500人,超过1956年1.8倍。1956年1月,司法部向国务院提出了《关于建立律师工作的请示报告》,该报告对我国律师的性质、任务、组织等各方面作了明确阐述,国务院很快批准在全国开始推行律师工作。这是新中国建立律师制度的初次尝试,到1957年年初,全国共建起律师协会19个、法律顾问处817个,专兼职律师近3000人。充分反映这一成果的是《律师暂行条例》(草案)的制定,对律师的任务、律师协会、法律顾问处组织原则等问题做了规定。这一时期,法律顾问处属于行政单位,律师属于干部序列。新的律师制度事实上是以苏联为仿效对象,其主要特点就是把律师纳入国家公职范围,律师统一在法律顾问处任职,而非私人或合伙开业。[1]

---

〔1〕 参见张志铭:《中国律师制度的百年轨迹》,载《国家检察官学院学报》2013年第1期。

1980 年,北京等地恢复成立法律顾问处,随后全国人民代表大会常务委员会通过了《律师暂行条例》。同年 11 月,马克昌、张思之、苏慧渔、傅志人、朱华荣、韩学章、张中等律师,参加了最高人民法院特别法庭对"林彪、江青反革命集团"案件审判的辩护,成为中国律师制度恢复与发展的里程碑。1984 年,一些法律顾问处改名为律师事务所,律师制度迈出了规范化的重要一步。

1986 年,中华全国律师协会成立。1987 年,全国的法律顾问处都改为律师事务所。1996 年,《律师法》第 2 条确定律师的性质为"依法取得律师执业证书,为社会提供法律服务的执业人员",从此律师不再是从属于行政机关的国家工作人员,而是专业服务执业人员。此后,新中国律师的定位与 1912 年的律师定位基本吻合,中国律师几经波折终于走上了一条与发达国家律师制度相通的道路,这也是中国律师走向国际化的制度基础。

1999 年,"依法治国"被写入宪法。2000 年,中国通过律师资格考试的人数达到 14 万人〔1〕,显示了律师行业与社会进步的密切关系。2001 年,司法部规定

〔1〕 参见傅达林:《国家司法考试的回顾和思考》,载《经济参考报》2009 年 7 月 28 日。

律师事务所需要用字号而不再使用地域名，成立于1983年的深圳市蛇口律师事务所则因为是中国第一家律师事务所而唯一允许保留使用地域名。这一年中国律师人数为11万人，虽然人口比例还很低，但已经展示出欣欣向荣的气象。

2007年，我通过司法考试那一年，全国律师总人数14.3万人。2008年4月16日，全国律师工作会议在北京闭幕。然而，由此引发的对律师这一行业的关注，还在延续。据会议透露的数字，目前，我国的律师队伍发展到了14.3万多人，有3415名律师当选为各级人大代表和政协委员，公职律师达到2649人。[1] 2010年全国律师人数突破20万人，2016年突破30万人，2018年突破40万人，2020年突破50万人，2022年突破60万人，2024年1月则突破70万人。[2] 如果说1999年中国大学开始扩招，那么2010年中国律师开始“扩招”，越来越多的年轻人能接受高等教育，越来越多的年轻人走入律师队伍，也带来了就业压力不

---

〔1〕 参见《中国律师现状调查：生存状况两极分化》，载《法制日报》2008年4月18日。

〔2〕 参见山东省律师协会：《山东省律师协会举办新闻发布会介绍全省律师行业发展及参政议政等情况》，载微信公众号“山东省律师协会”2024年1月26日，https://mp.weixin.qq.com/s/alCBShXknlNA_ATLo00Y6w。

断增大的难题。

青年律师这个概念，是相对于中年律师、老年律师或者资深律师而产生的。青年律师在许多律师协会的文件中，一般是指不满40周岁的执业律师，例如律师协会组织的各种青年律师论坛、青年律师比赛。2014年我有资格参加广东省青年律师演讲活动并取得总评审一等奖，就是因为那时我还不满40周岁。不过，青年律师在接受律师协会“帮扶”时，往往会加上执业年限的限制，例如，执业不满3年的青年律师可以减免会费，可获得案件支援。本书中的青年律师，即不满40周岁或执业不满10年的律师。但为了行文方便，本书中的青年律师在特定语境下还包括律师助理、实习律师。

近年来，一些城市的律师协会对青年律师进行了统计，几乎占到律师总人数的60%。这说明中国律师行业的发展，主要是青年律师的发展。本书也想针对青年律师的成长，结合笔者的经验与心得，提出一些意见和建议。既然我们有决心、有勇气选择律师行业，那么我们也应该相信能够找到一条青年律师从青涩到成熟的发展之路。

从晚清“新政”到民国抉择，从新中国成立初期百废待兴再到改革开放以来日新月异，中国律师行业伴随经济的繁荣取得长足进步。“社会主义市场经济本质上是法治经济”,而法治建设离不开律师的积极参与。因此,社会主义市场经济繁荣昌盛,是律师行业蓬勃发展的基础。

大批热血青年选择接受法律教育,选择进入律师行业,这既是对我国经济发展充满信心,也是对我国政治建设的热情期许,体现出青年人愿意为依法治国作出贡献的决心。

第二讲｜选择律所

青年律师的成长，从选择律师事务所开始。不同的律师事务所，对于青年人入职有不同的要求，给青年人提供的平台支持也有不同，这就需要青年律师根据自身的特点甄别与选择。律师事务所对青年人的入职要求，主要分为以下几种。

第一种律师事务所，要求受过高中以上教育就行，不强求是大学毕业，更不要求是法律本科。这种律师事务所在许多中小城市很常见，大多是一些中小规模的律师事务所。这类律师事务所主要要求助理承担开车、收发文件、收集材料等工作。

年轻人在这种律师事务所，发展空间很受限制。除非你本就没有受过高等教育，没办法参加法律资格考试，只能找一家律师事务所“勉从虎穴暂栖身”。当然,如果你想在律师事务所的浓厚法律环境中自学成才,然后考个自修本科,再去考取法律职业资格,那当然是很不错的选择。我们卓凡律师事务所的财务人员都能自修本科出来做律师,激励了多少法学本科的后辈。

第二种律师事务所,要求受过高等教育,是不是本科不重要。这样的律师事务所在中小城市甚至一些大城市也不少,只要你受过高等教育,他们就愿意招聘。如果你没有本科更没有法学本科,你不能参加法律(律师)资格考试,那是你自己的事,有些律师事务所并没考虑过一定要把你培养成执业律师。如果你长期不能做律师,对许多律师事务所而言,岂不意味着“用工成本”更低廉?

年轻人在这样的律师事务所,发展空间比第一种大一点,但依旧受到限制,除非你的老板要求你从事的工作与有没有律师证差别不大。曾有一位办理金融案件的律师朋友就说过,他的团队有两名执业律师就行了,其他的助手只要是学金融的或者在银行工作过,照样能协助他把案件处理好,而且收入不逊色于年轻执业律师。当然,你要做律师也行,先去拿个法学本科再去参加法律资格考试,有上进心更好。

第三种律师事务所,要求通过法律资格考试或者有条件参加法律资格考试。这样的律师事务所应该是国内最多的,这样的律师事务所招募助理,是以帮助他们顺利执业为目标的。年轻人入职后,从助理到律师也是律师事务所的进阶模式。80%的律师事务所都是这种类型,年轻人需要注意如何根据自身的特点选择律所。

年轻人如果符合做律师的学历条件,而且想做律师,选择这种律师事务所是恰当的。我们许多律师都是普通人,能进入“二八原则”中的“二”,毕竟是极少数。即使是这些普通的律师事务所,也有那么一位或者几位“牛人”律师。运气好能够跟上这样的“牛人”律师,就能比肩后面几种律师事务所的那些同行。

第四种律师事务所,要求通过法律资格考试,而且关注你的第一学历。这样的律师事务所,在当地都是有影响力的,他们招募助理的目的不仅是要把你培养成律师,而且要成为业务能力不错的律师。你第一学历是不是“985”、“211”学校,这就成为他们选才的门槛,人力预审面试名单时,法律资格证书、本科就读高校是重要参考。

虽然1999年大学扩招以来,能进入“985”、“211”学校读书的人数众多,但在通过法律资格考试的群体中,比例并不高。你能进入这些名校读书,而且一些律师事务所看重入职者第一学历,那么你当然不要犹豫,有机会就抓住。如果你先进入第三种律师事务所也行,只是你要清楚究竟是不是“牛人”律师招聘助手。中小城市的律师事务所很少有“985”、“211”学校投简历,他们招聘到合适的年轻人,往往更珍惜更看重。“鸡头”与“凤尾”如何选择,也要看自己的特点与合作伙伴的性格。

第五种律师事务所,要求通过法律资格考试,且仅限于几所重点大学的法学院系。这样的律师事务所其实就是第四种律师事务所的精华版,许多高级合伙人就是几所重点大学的法学院系毕业的。进入这样的律师事务所,要求你有很强的能力,有些时候还需要学长或老师的推荐。

年轻人能够毕业于几所重点大学的院系,本身就是佼佼者。这种要求求职者毕业于几所重点大学法学院系且通过法律资格考试的律师事务所,基本都集中在一线城市或新一线城市的一线品牌律师事务所。中小城市大多没有这样有名气的律师事务所,符合条件的年轻人凭什么不去大城市的品牌律师事务所?当然,你如果因为爱情去了中小城市或者中小律师事务所,那就另当别论了。

第六种律师事务所,要求通过法律资格考试,而且要求在“公检法监”等办案部门工作过。这些律师事务所的高级合伙人，往往是从办案部门“下海”的，他们对办案部门的技术储备与人脉资源很看重。你可以不是名校毕业，但你必须通过公务员考试或者部队转业进入“公检法监”等办案部门，而且你的业务能力必须超过普通人。

年轻人符合这种条件的，确实凤毛麟角。这些年，有些律师事务所的律师几乎都是从检察院辞职出来做律师的，也有些律师事务所主要合伙人都是某一家或几家法院辞职出来做律师的，还有律师事务所说自己擅长办理申诉案件，他们当然需要招聘“公检法监”系统出来的年轻人。能在“公检法监”工作多年，通过司法考试，还愿意出来做律师的，都是业务高手。那些喜欢全国范围接案办案的律师事务所，即使没有公开表示“只招‘公检法监’出来的律师”，但他们的隐形条款基本都要求有政法机关的工作经验。不得不说，政法机关的业务培训，确实比绝大多数的律师事务所更强。

第七种律师事务所，要求通过法律资格考试，而且要求有自己的突出特长。这里的突出特长，那就是能够碾压80%普通人的专项才能，例如，张三的口才很不错，李四的文笔很不错，王五的知识储备很突出，赵六的交际能力很强大，这些“特长生”才是这些律师事务务所“特需”的。至于你毕业于什么学校，是什么学历，反而是他们不太关心的，有更好，没有也行。

年轻人选择这样的律师事务所，那都是相关领域的“专才”。近些年，经常有新闻记者转行做律师，就是因为他们的写作能力碾压绝大部分同期入职的年轻人。口才、文才、知识储备、交际能力，只要其中一项你有明显的优势，那么你就会被一些品牌律师事务所甚至品牌律师团队看中，想办法招揽过来。近些年，我们经常看到一些自媒体写手加入了一线城市的一线品牌律师事务所，这就是因为互联网时代，需要这些写作高手的加盟。“专业的事交给专业的人”，知名律师不是全知全能，也没有三头六臂，但他们背后的团队有那么几位专业奇才，就能给他们随时随地提供高质量的技术支持。

你或许看到一些知名律师每天可以参加多次会议，能够开展多次讲座，能够对多个案件提出有理有据的真知灼见，凭什么？凭的当然是他们背后人才济济的技术团队。这些知名律师经验丰富，知道如何识人用人，初出茅庐的青年律师能被他们看重，可以得到更好的发展。你甚至不需要去找案源、开庭。及时办好知名律师交给的任务、了解人情世故是你需要具备的能力。

以上这七种律师事务所，招聘助理的条件不同。

青年律师如何选择律师事务所，需要根据自身的特点来权衡。如果你自身条件一般，那么当然只能选择前几种律师事务所，要求严格的律师事务所你都没机会投简历，即使投了简历也会被人力直接否定。前三种律师事务所可以不要求通过法律资格考试，但第三种要求你符合参加法律资格考试的条件，那些不想做律师只想做助理的年轻人，只能在前两种中挑选。进入后四种律师事务所不仅要求通过法律资格考试，而且附加了特殊条件，你如果符合这些条件当然优先选择后四种律师事务所。

入职要求越严格的律师事务所，往往提供的平台支持也越强大。都不能提出限制性条件的律师事务所，谁都能投简历的律师事务所，说明他们缺乏一定的竞争力。第四种律师事务所是“分水岭”，此前的律师事务所适合一般的优秀年轻人，此后的律师事务所则适用于特殊的优秀年轻人。选择律师事务所就如同填报大学志愿，需要量力而行，更需要找准自己的目标。

我记得 2008 年入职广东卓凡律师事务所时，我最初展示的才华就是毕业于扩招前的“211”学校，在国内知名学校做过老师，讲课、写文章是我的强项。当时，我凭着能讲能写，即使我不是法律本科毕业，得以进入一家注重业务宣传、注重公益服务、注重品牌建设的律师事务所。

青年律师选择律师事务所，还要注意你是自带案源还是缺乏案源，需要跟着合伙人走。一些律师事务所虽然名气不大，但他们有几位案源丰富的知名律师，而知名律师的一些案件又必须交给青年律师操刀，此时你如果案源不足，就可以选择这些案源丰富的律师事务所。如果你本就自带案源，那么你就可以找一家名气较大的律师事务所，这不仅能够找到擅长办案的律师与你合作，而且收入也相对乐观。

那年我准备改行出来做律师时，就有老乡邀请我去一家小所，这家所几位合伙人都有丰富的案源，他就是冲着案源过去的，还有一位学生家长也让我跟他去惠阳，他能给我提供充足的案源。但我考虑自己一家老小在惠城区安家了，大娃那时才几个月，于是我只在我家附近的律师事务所寻找机会，这才机缘巧合地进入卓凡律师事务所。那时我住在江北云山，每天可以搭乘6路、11路汽车往返家里与律师事务所，中午用十几分钟到家吃饭，稍事休息再用十几分钟到单位，这种便利也是我喜欢的。

年轻人选择自己喜欢的律师事务所，需要符合律师事务所的条件，也需要律师事务所满足自己的条件，“双向奔赴”才能长久发展，才能相互成就。

第三讲 | 职场规划

青年律师成长,要有自己的发展规划。短期规划,顺利通过助理期拿到执业证。中期规划,顺利熬过生存期,不用担心明天吃什么。长期规划,在律师行业获得一席之地,争取进入“二八原则”中的“二”。青年律师有了规划,就有了奋斗目标,有了奋斗目标也就不会迷茫,而是按照自己的方向努力。

律师事务所招收年轻人,也有各自的安排。有的律师事务所只要你入职就可以办理实习,有的律师事务所要求入职后经过半年到一年的普通助理期再开始实习,有的律师事务所则根据你的表现再考虑要不要办理实习。因此,年轻人选择律师事务所,需要了解清楚这家律师事务所办理实习的情况,再结合自己的特点制定相应的发展规划。越是实习条件苛刻而且有大量年轻人涌入的律师事务所,越能提供发展支持,否则年轻人早就离开了。

青年律师的短期规划,一般是“两年规划”,即在两年内完成实习拿到律师执业证。我不太建议年轻人刚入职就办理实习,而应该至少学习半年。无论是从学校刚走出来,还是从其他单位转行进入律师事务所,甚至是更换律师事务所,都需要有半年以上的过渡期。这半年以上的过渡期,也是考察期,查看对方是不是自己想找的人(律所)。如果这半年内律师事务所发现自己与求职的年轻人之间理念差别太大,那就应该“及时止损”。这个的过渡期也是磨合期,双方尝试能不能进行有效沟通,年轻人能不能跟上律师事务所的工作节奏。

我的团队招年轻人,最初的半年主要任务就是学习,一则阅读我的藏书,那十几本书要一本一本看完;二则要阅读我们律师事务所的案例卷宗;三则阅读我的文章,许多时候我要求他们做PPT,最简单的方式就是从我的文章中寻找要点,只有完成了这半年的学习,才能从原来的学习环境中进入我的工作环境中。我这十几年的功力,就在我办的案、我读的书、我学的文章里面。先练“内功”,这才好上手“实战”。

青年律师的短期规划,需要明确自己“想要什么”。既然你的目标是学到办案技能、拿到执业证，那么此时你的注意力就应该集中在学习上，尤其是如何充分利用律师事务所的学习资源，提高自己的业务能力。主动学习精神是青年律师快速成长的核心竞争力。你愿意主动学习，人家才愿意教你，才愿意把更多的职责交给你，你才有更多的实践机会，你的特长才能逐渐被发掘。脱颖而出的前提条件，是锥处囊中，但你要想想人家为什么愿意把你而不是别人这把锥子，放入囊中。

青年律师需要适当展露自己的才华，律师行业不是一个能够谦虚的行业，你需要通过自己的工作向律师事务所显示“你行”。一个人成长起来需要 4 个条件，即“你自己行”“有人说你行”“说你行的人行”“你身体行”。青年律师首先要“自己行”，然后能够被贵人发现“说你行”，而且要“身体行”。这个短期规划，也应该包括健身计划。只有“你身体行”，才能扛住各种压力，才能精神抖擞地处理各种业务。

青年律师的中期规划，一般是“三年计划”，即从你拿到执业证开始，到你熬过了“生存期”为止。所谓“熬过生存期”有三种方式，一种是你有了稳定的案源，不再担心明天吃什么；另一种是你在专业团队内已经不可或缺，不担心明天有新人执业你就业绩锐减；还有一种方式是指你作为案源律师,能够借助办案律师的支持获得稳定的“变现”能力,不着急有案件到手不能及时找到办案律师合作。

在惠州这样的二三线城市,“熬过生存期”一般要求年业绩不低于30万元。如果是东莞这样的新一线城市,“熬过生存期”不应该低于40万元。在广州、深圳这样的一线城市,“熬过生存期”应该不低于50万元。当然,这些城市不同的街区因为生活水准不一样,可以有所差别,例如广州的增城、从化等地,比照二线、三线城市的发展水平。

青年律师的中期规划,往往是根据自身的特点寻求发展空间。如果说青年律师的短期规划重点在于学习办案,如同铸剑,那么青年律师的中期规划重点则在于实践办案,如同练剑。“练剑”的好方式是“实战”,此时有办案机会就是最大的胜利。再多的理论学习,也不能替代实战检验,这就要求青年律师以尽可能多办案为主要任务,通过大量的实践训练,将自己的理论知识予以调整和完善,最终形成一套行之有效的办案方法。

2009年,我执业后,给自己定的目标就是“多办案”,我还说律师办案的技巧如同卖油翁,“无他,唯手熟耳”。那时惠州也就不到400名律师,许多人都不愿意办法律援助案件，我就大量承担起法律援助职责，不在乎没有什么费用，只要有充足的案件让我“练手”。每个案件我都会尽职尽责办理，网上搜索名家的办案经验，应用在我办理的案件上。另外，任何律师有剩余的案件都可以交给我，我保质保量完成这些案件。如何收取律师费，他们说了算；如何分配律师费，他们说了算。我只负责办案质量，家属有事我去对接，而且从不觊觎他们的案源。

有了法律援助案件与律师同行的剩余案件，我在最初几年有丰富的案件去实践，我还将自己这个阶段的任务称为“求量”。每年有至少 30 个案件交给我办理，我这样坚持 3 年，即使只有 20% 是成功案例，那么我也能积累接近 20 个成功案例，这就够我至少整理出 20 篇案例解析文章。我本来就擅长写作，一些律师认为“食之无味弃之可惜”的案件，自己不想做，那就统统交给我办理。谁说“鸡肋”没有营养？几十个“鸡肋”也熬成一锅汤。

青年律师在这个阶段不要有“吃亏”心态，总觉得案件是我在做，或者说我完成了 90% 的案件办理，为什么律师费只分给我 10% 或者 20%？你要知道你与资深律师合作，你拿到的其实就是“加工费”，没有人家资深律师的品牌，不要说你拿不到这些案件，即使能拿到这些案件,客户也不会给你那么高的价格。就像富士康公司帮苹果公司代工,几千元的苹果手机,富士康代工费几十元。当然,富士康代工苹果手机,很难自己生产出品牌手机。而我们律师“代工”资深律师的案件,迟早能成为资深律师,此时我们需要考虑未来的发展,所谓“风物长宜放眼量”。

青年律师的长期规划,也被称为“七年计划”,即从你“熬过生存期”到你在律师行业步入稳定期。我们一般把律师的成长分为 5 个阶段,即生存期、发展期、稳定期、成熟期、品牌期。青年律师能进入稳定期,说明他们有了较为稳固的抗风险能力,即使遇到一些工作上或者生活上的突发性压力,他们也能从容应对。以过去 3 年的疫情为例,步入稳定期的律师根本不担心区域性封控对办案的影响,即使有那么几个月收入较低甚至没收入,他们每年的业绩也会在某一个标准之上。要让自己有这种“咬定青山不放松”的精神和能力,就需要通过长远规划,专门性培养自己的特长。

近些年,不乏执业多年的律师甚至是执业 30 年的律师,因为法律服务市场需求萎缩、供给过旺,导致业绩腰斩甚至入不敷出。这就说明他们的抗风险能力欠缺,或者说在多年的执业生涯并没有形成自己的业务特色,很容易因为区域性“僧多粥少”而陷入困境。你看看那些即使是疫情期间也在全国奔走办案的律师，再看看自己身边的律师，比对一下他们之间有什么不同，就知道自己应该如何稳定发展了。

青年律师的长期规划，针对的不再是学习能力，也不只是办案能力，而是反思能力。子曰“学而不思则罔，思而不学则殆”，学习与思考本就应该融为一体，而律师则需要将学习、实践、思考“三合一”，这才能通过不断地反思、复盘、回馈，知道办案机关是如何思考的，知道客户需要哪一种律师为他们提供服务，知道自己如何办案才能获得法官、检察官更多的信任与认可。

如果说短期规划是为了有机会做律师，中期规划是为了埋头办案积累经验，那么长期规划是为了抬起头来四处观望。7 年左右的时间，足以让一位执业满 3 年的律师形成系统的办案思维，他们应当知道如何做一位受欢迎的律师。在长远规划中，青年律师需要关注自己有哪些潜力可以挖掘，如何形成自己的专业特长。我不赞成一些律师只有中期规划而没有长期规划，这样的律师很容易满足于“熬过生存期”，他们认识不到执业风险可能会不期而至，这种风险不仅来自业务量不足，而且来自执业过程中遭遇的困难。

律师在业务量上的风险，主要是因为业务量减少与业务能力没能提高，从而被“后浪”拍到“沙滩上”。

律师要规避这种风险，应该在长远规划中有步骤、有计划地“扬长避短”，例如你作为案源律师应该找到更多有质量的案件，并与有办案能力的律师合作，以形成稳定的专业团队。如果你是办案律师，那么你的主要任务应该是形成自己的办案特长，在你所在的领域能够不被他人轻易取代。

我曾问一位律师为何不离开所在的小城市，来惠州或者去深圳执业。他直言不讳地告诉我，在那所小城市他就是“NO. 1”，一些大的案件如果不找外地律师，就会落到他手上来。他之所以选择担任律师事务所刑事部主任与市律师协会刑事专业委员会主任，主要是方便对外交流。在这种情况下，他说你觉得我有必要来惠州或者去深圳吗？我来惠州，至少是“三分之一”，要与你们当地律师发生竞争。如果我去了深圳，那就是几分之一甚至十几分之一，我何必呢？

我感叹说，你虽然执业时间比我短，但你已经走上了稳定发展之路。任何律师能在执业 10 年内，能够形成你这样的业内地位，那么他的长期规划就已经完成了。许多人不知道自己如何规划自己的“七年计划”，完成了“三年计划”就有些迷茫了，其实他们需要考虑的是自己如何在一群人中让人看到了就不会忘记。此时，我们的竞争对手不再是本地律师，而是把目光投向全省乃至全国，尤其是与外地来本地办案的律师同台竞技，也丝毫不落下风。

青年律师需要有远大理想，这个理想可以是为国为民，但理想必须落实到个人业务能力的实际提升上。帕斯卡尔说“人是一根能思想的苇草”。当我们学会了思考，懂得如何规划自己的未来，面对困难时，知道如何迎难而上，我们就可以认识到自己该怎么办、能怎么办。

第四讲 | 加入团队

青年律师成长最快捷的方式是什么？许多人认为是独立发展，一开始就有贵人相助，或者家里有矿，根本不用担心缺少案源。这些人忽视了一个问题，贵人为什么要帮助你，而且你家有矿还需要出来做律师吗？至于那句玩笑“不是家里穷，谁会出来做律师”？人们也忽视了更严重的问题，那就是做律师并不赚钱，家里穷真想赚钱，应该去经商，那才可能日进斗金。业绩一梯队的律师，在利润一梯队的经商面前，如果只谈赚钱，必须承认“啥也不是”。

青年律师要获得成长，最快捷的方式，其实就是加入团队。一个律师尤其是刚入职的青年律师，往往有那么一两项特长已经很难得了。每个领域都极为出色的全能型人才有没有？当然也有，许多律师事务所的创始人都是全能型人才，办案、讲课、写稿、交际，无所不精。但这种人确实极为罕见，属于可遇不可求的“特例”。要求青年律师都能像他们一样全面发展，对绝大多数青年律师而言，既没有必要也没有可能。找到与自己志同道合的伙伴协同发展，这才是青年律师发展的上策。

什么是律师团队？律师团队，就是由几名律师与助理组成的人员较为固定的工作群组。这个工作群组往往有内部分工，例如有的律师负责品牌建设，有的律师负责案源拓展，有的律师负责案件办理，有的律师负责文案写作，有的律师负责日常琐事。当然，这些律师扮演的角色也可以继续细分或者重叠，按照律师团队的要求进行结构调整。

一些人提出“青年律师要有自己的案源”，这话也对但不全对。青年律师如果要做案源律师或者“个体户”律师，当然需要有自己的案源，否则他们无法生存。但那些提出“青年律师要有自己的案源”的文章作者，更多的是解释“有案源”的重要性，但对于青年律师如何获取案源却语焉不详。这也说明青年律师“有案源”并非常态，青年律师缺乏案源甚至没有案源才是常态。

既然有自己案源的青年律师属于极少数，那么青年律师就需要另辟蹊径，在案源不足或者缺乏案源的情况下，走出一条生存发展之道。既然律师中有品牌律师、案源律师、办案律师、文案律师的不成文分工，那么青年律师较好的选择应该是与品牌律师、案源律师合作。而较好的合作方式，就是加入他们的团队，取长补短，实现资源整合。

律师团队按照发展层次，大致分为初级阶段、中级阶段与高级阶段。

律师团队的初级阶段，由律师与律师助理组成，律师助理协助律师处理各种日常工作，律师承担整个团队的工作成本，包括给律师助理付工资、购买社保。律师团队的中级阶段，在初级阶段的基础上加上助理律师，这些助理律师已经执业拿证，形成律师、助理律师、律师助理的“三结合”格局。整个团队的案源供给、品质控制，主要由律师承担，助理律师协助律师开展工作，律师助理协助整个团队开展工作。

律师团队的高级阶段，就是在中级阶段的基础上形成了品牌律师。既然有品牌律师的存在，那么整个律师团队无论是案源拓展还是品质控制，都开始形成自己的业内地位，此时非品牌律师之间就形成更细致的业务分工，有的律师主办案件，有的律师协办案件。在品牌律师团队内，办案能力最强的不一定是品牌律师，可能是团队内的业务骨干律师。有品牌律师的团队，就属于品牌团队，无论是在议价能力、办案能力还是宣传能力上，相较于其他律师团队，都处于优势地位。

对于青年律师而言，如果能有机会选择加入团队，就尽量不要选择“个体户”。如果有机会加入高级阶段的律师团队，就不要去中级阶段或者初级阶段的律师团队。团队是案源出现剩余的产物，对于缺乏案源的青年律师，加入团队就意味着不需要考虑“案源不足”的问题。这也是提醒那些试图组成团队“抱团取暖”的律师，如果你没有剩余案源，那么组建团队为时过早，你应该选择加入其他成熟的团队。

青年律师加入团队，获得的帮助主要有三个方面，即案源支持、专业支持、品牌支持。出现剩余案源，这是律师团队存在的基础。因此，只要一家律师团队愿意招收青年律师加入，这位青年律师就无须担心案源难题。团队既然接受青年律师，就说明青年律师必然有团队看重的优点。青年律师只需要发挥自身的优势，剩下的事就是保证质量完成团队交给的工作。

青年律师通过了法律资格考试，这只是万里长征第一步。如何成为一名称职的执业律师，如何保证自身的发展,需要自身努力,捷径则是借到他人助力。如果说加入团队,解决了最紧迫的案源缺乏问题,那么随之而来更重要的帮助,就是得到团队的业务培训。

许多律师事务所对青年律师的培养都是随机的,毕竟绝大部分的律师事务所只愿意帮青年律师拿到执业证,剩下的事情就是“各安天命”。你希望律师事务所或者律师协会有系统的青年律师成长培训,这个毕竟有些难度,帮你培训是情分,不帮你培训是本分。律师都是自由执业者,人家没有义务帮你业务培训。

但如果你加入了某个专业团队,那么这家团队的负责人出于品质控制的需要或者品牌建设的需要,就必然会对你进行业务培训。当你是个体律师时,案件办砸了,个人承担责任。但你如果是团队律师,你把案件办砸了,会直接影响律师团队的形象、口碑乃至业绩,团队负责人不可能不帮你“把把关”。这种“把关”本身就是风险把控。

当然,律师团队的发展水平也参差不齐,团队业务培训的深度,取决于团队负责人的业务水平,也取决于你与团队负责人之间直接交流的频率。那些人数少于10 人的律师团队,律师负责人往往会亲力亲为培养团队律师,此时团队负责人的业务高度就是你能接受的培训水平高度。如果团队规模较大,那么团队负责人很可能只是提出发展要求，培训团队律师的主要任务交给了其他骨干律师，此时骨干律师水平的高度决定着你接受培训水平的高度。

我最早组建团队是在2015年，但如何培养团队也是在边走边看、边实践。经过9年的沉淀，我才形成较为成熟的团队建设模式。我招收的助理要求3个基本条件，即法学本科院校毕业、通过法律资格考试、会开车，还有两个隐性条件则是在“公检法监”工作过的优先、会泡茶的更好。我找助理的条件，可以供青年律师找团队时参考。

我不是法律本科毕业的而是华中师范大学历史系毕业的，因此我需要我的助理受过完整的法学教育，能够为我提供基础性技术支持。他们如果是法学本科毕业，那么毕业的院校越知名、学历越高越好。如果他们不是法学本科毕业，那么即使拿到硕士学位甚至博士学位，我不是很看重，我需要的是能补足我的短板，与我形成搭配。

我要求助理通过法律资格考试，这也是因为我的助理都是要培养成专业律师的。如果法律资格考试都不能通过，他们在我的团队很难获得成长机会，毕竟我会给他们按照自己的特点分配工作。要求他们会开车，这是因为有车方便办案，而且我们团队经常去外地出差，他们也需要开车去机场、高铁站。

助理有“公检法监”的工作经验更有优势。那是因为我们需要“知己知彼”，熟悉办案机关的工作特点。小周律师在我们团队如鱼得水，是因为她在检察院工作过，我经常要求她站在检察院的立场上考虑这个案件如何入罪，我能说服她如何出罪，这个案件也就完成了一半的辩护工作。如果检察官发现的问题都没有超出我们的案例预演范围，那么这样的案件我们办理起来更得心应手。

我要求他们会泡茶，这是因为广东的客人都喜欢喝茶，我也入乡随俗。我的办公室有一张大茶台，经常用来会客。喝完茶，我们再来谈正事。

我的助理入职最初半年主要任务是读书。我写的《三十而律》《小城律师》《技术辩护三十六讲》，都是他们的必读书目。张明楷的《刑法学》、陈瑞华的《刑事辩护的艺术》、张思之的《行者思之》、最高人民检察院第三庭的《国家公诉人出庭指南》、高子程的《悬崖边的辩护》、田文昌的《中国名律师辩护词代理词精选——田文昌专辑》、杨矿生的《刑辩实战》、王亚林的《精细化辩护：标准流程与文书写作》这些书，也要求他们认真阅读。做助理期间，他们就要跟着会客，并作为团队律师的助手处理各种日常工作。

经过至少半年的学习，团队才会安排他们申请实习。实习期间，他们要参加团队的各种学习讨论工作，还要跟着团队律师去会见、阅卷、约谈乃至参加开庭或者旁听。实习律师除了不能单独会见、单独出庭，其他各种事务与执业律师没有明显差别。他们要随时问自己一个问题，如果我明天单独办案，应该怎么办。他们遇到疑难，可以向团队任何律师请教，也能向我请教，团队需要共同保证服务品质。

律师执业 3 年内，都会在律师团队里跟着发展。我最初的考虑是保证他们顺利度过"生存期"，3 年的时间他们也应该成熟了。这些年我则认为，执业满 3 年了，如果双方都很满意，则可以继续合作。如果说执业 3 年内属于"义务兵"，那么执业 3 年后继续留在团队内则属于"志愿兵"，当然他们也可以随时要求离开团队，独立发展。

律师团队的品牌价值，那是长期经营的结果。执业律师有自己的品牌，那就不是"二八原则"进入"二"的层次，而是进入 1% 乃至 0.1% 的层次。律师拥有品牌，意味着他在所执业的城市进入业务能力的前 3 名乃至前 5 名，一线城市就可以放宽到前 10 名，这才具有碾压性优势。青年律师如果能进入这些品牌律师主导的律师团队，那么他们很容易获得比其他青年律师大得多的业务资源,他们有更多的机会脱颖而出。

青年律师在业务上获得突破最有效的方式是什么?那当然是“与高手过招”。青年律师如何获得“与高手过招”的机会?那当然是站在团队骨干律师的肩膀上,更有机会面向全国接触到“一流高手”。无论是旁听“高手”开庭,还是跟“高手”同庭辩护、并肩作战,还是作为“高手”的对家参与庭审,那都是书本上学不到的实战经验。听别人讲课,读了再多次的交叉询问、技术质证、综合辩论,都不如在庭审现场目睹“一流高手”如何操作。同样的问题,你看看公诉人如何“扣杀”,再看看辩护人如何“反抽”,然后看看公诉人如何“接发球”,想一想如果是自己是辩护人或者诉讼代理人,该如何应对,这样才行。

2023 年 8 月底 9 月初,带着团队小梁律师参加安徽淮北的一个 32.3 亿元合同诈骗案,庭审为期一周,小梁感叹说这是他入职以来第一次见到对抗性如此强烈、庭审质量如此高的开庭。这样高质量的庭审,对青年律师而言是很好的学习机会,你可以见到公诉人、辩护人、诉讼代理人面对同一组证据为何能作出不同的解读,你可以看到什么主攻、助攻、佯攻,你可以体会一下什么是阻击、截击、反击。

如果有机会,青年律师应该尽量选择加入团队,尤其是其品牌律师依旧偏好一线办案的团队。你能成为团队很想要的人，你能成为团队不可或缺的成员，你就有可能获得超越式发展。

第五讲 | 律师助理

律师助理有三种含义，第一种是指实习律师，不包括申请执业的律师事务所法律工作人员；第二种是指执业律师，包括狭义的律师助理与实习律师；第三种是指独立律师，包括团队负责人以外的全体法律工作成员。一些律师事务所的高级合伙人，都可能是律师事务所某位或某几位主要合伙人的助理。本书所指的律师助理，是指第一种含义，即尚未申请实习的律师事务所法律工作人员。

律师助理是做律师的第一个阶段，他们的主要任务，就是熟悉律师工作、适应律师生活，为以后的律师实习与执业做准备。通常律师事务所招助理，之所以要求法律专业或者通过了法律资格考试，是因为律师助理要有做律师的内驱力，才能主动学习，主动寻求进步。

有人曾感叹说,3000 元请个司机没有人愿意报名,3000 元请一位通过法律资格考试的大学毕业生,还要求人家照顾生活兼职司机,一群人排队报名等着面试。因为大家都清楚,专业司机月薪从 3000 元涨到 6000 元很难,从 6000 元涨到 3 万元基本不可能。但律师助理兼职司机,月薪从 3000 元涨到 6000 元,也许只要 1 年。而月薪从 6000 元涨到 3 万元,也就是 3 年或 5 年左右的时光。正是因为律师助理有可预见的成长空间,通过法律资格考试的大学毕业生,才愿意拿着低廉的生活费,干着“包括但不限于”司机的工作。

律师助理有自己的发展规划,那么他们才不会斤斤计较工作中的得失。此时薪酬对他们而言是次要的,如何学到真功夫才是主要的。律师助理大部分是刚刚走出校门的学生,也有相当一部分是从“公检法监”等办案机关走出来的,还有一些是从高等院校出来做律师的,更有一些是从各单位“跨专业转行”进入律师行业的。他们跟着的律师,需要根据其各自特点因材施教。

对于刚走出校门的学生,他们的优点是“一张白纸,没有负担,好写最新最美的文字,好画最新最美的图画”。但他们的缺点也很明显,那就是书生气太重,对法律的理解存在理想主义色彩,而且他们缺乏社会经验。他们中绝大部分人不懂得书本知识与司法实践的差别,他们也不懂得如何处理人际关系,这就需要相应的律师对他们多一些指导、多一些耐心、多一些关照。这些年我招收刚从学校毕业的助理,总是让他们多阅读律师事务所的案例卷宗,让他们多参与团队的案件讨论,让他们在实践中发现原来我们的思考方式与学校课堂上的思维方式存在明显的差别。

对于从"公检法监"出来的律师助理,他们往往不缺办案经验,甚至某些方面比资深律师还要在行。但他们的短板也很常见,那就是喜欢用办案机关的思维看待问题。我们团队小周律师刚从检察院出来那半年,哪个案件她都觉得有罪。后来我问她,如果每个案件你都认为有罪,那么家属请我们干什么?我们就应该从证据中发现案件无罪的可能,去"大胆假设,小心求证"。我们对"公检法监"出来的律师助理,应该随时提醒他们:我们的思维方向不再是如何论述当事人有罪或重罪,而是根据证据阐述当事人无罪或轻罪。

对于从高等院校走出来的那些律师助理,我们需要充分尊重他们的"知识分子情结",毕竟他们是课堂上的"王者"。许多资深律师也许毕业于名校甚至拿到名校的硕士、博士学位,挂着法学院校的兼职教授、研究员等头衔，在法学水平方面，必须承认他们更是我们的老师。这些律师助理，与律师之间更多的是合作关系，他们只是出于爱好出来做律师，在他们的专业领域，我们需要听从他们的专家意见。

这些律师助理一旦大量办案，理论与实践相结合，他们都会成为律师中的佼佼者。不过，他们也有实践能力缺乏的弱点，这就需要律师给他们更多的锻炼机会。他们如同内功深厚但实战经验不足的"张无忌"，需要经验丰富、功底深厚的"张三丰"指导他们。各律师事务所对于那些兼职的大学老师，都会让律师事务所的主任、副主任或者业务能手招收他们做助理，资历不够或者段位不足的律师，根本难以激发出他们的强大战斗力。

从各单位"跨专业转行"进入律师行业的律师助理属于"百花齐放"型。这些律师助理属于"带艺投师"，他们不少人在原来的领域已经属于骨干力量，有人还有一官半职甚至属于中层干部。他们要认识到"从零开始"，尤其是意识到自己曾经如何辉煌都是过去，做律师助理期间必须对自己的角色转变有深刻的认识，这是他们转型成功与否的关键。

我的一位同事入职卓凡律师事务所时，已经是某报社的中层干部，长期都是"业务精英 + 管理精英"。

但他做律师助理期间,就老老实实把自己看成助理,对律师事务所比他先入职的同事都客客气气,视为前辈,每天早晨"上班打卡"准时来律师事务所,帮自己的师傅打扫办公室卫生、清洗茶具、烧水泡茶。看到师傅在忙,很积极过去帮忙。我们看了暗暗点头称赞,这种人一看就是社会经验丰富的"牛人",你要给他机会他就能快速成长起来。"能上能下",随时放下自己的"架子",用平常心看待周围的人。这种律师助理一旦执业,必然前途不可限量。后来果然如此,在执业后短短几年时间,他就自己独立发展,自己带团队,无论是业绩还是影响力,都令人佩服。

在大多数的律师事务所,律师助理主要有"四大职责"。第一职责是照顾律师的生活,第二职责是处理律师的工作琐事,第三职责是协助律师办案,第四职责是处理律师交办的其他工作。这些职责既使律师助理学习如何与律师相处,也使其学习如何尽快成为一名称职的实习律师或执业律师。

律师助理照顾律师的生活,主要是帮助打理办公室的卫生工作。有的律师生活中的各种订餐、订酒店、订机票或车票、安排饭局、外出旅行等事务,甚至接送孩子,也会让律师助理帮忙。当然,对这样的律师助理,律师也需要尽心尽意指导他们办案,两人之间不仅是同事关系，更是一种师徒关系。

律师助理处理律师的工作琐事，主要体现在帮助联系顾问单位、接待客户、沟通办案人员、整理卷宗等。律师的时间宝贵，那些可以让律师助理代为处理的工作，都可以安排律师助理。这些年村（居）法律顾问（惠州称之为法制副主任）全国推行，有招律师助理的律师，无一例外都会把这些工作交给律师助理。律师与客户、办案人员联系，一般都会交给律师助理对接，这也能让律师能够腾出更多的时间，集中精力办理那些需要他们亲力亲为的事务。

律师助理存在的核心价值，就是协助律师办理案件。从律师会客时在旁边做记录，到律师去法院、检察院、公安机关、看守所时他们整理材料或陪同出行，再到根据律师的要求起草合同、提供咨询、制作 PPT、搜索法律法规与司法解释、查询裁判文书，以及按照律师的意见拟定各种文件，都是律师助理要做的工作。律师助理最幸运的是遇到一位“又聪明又懒惰”的律师，他很聪明会教你怎么做，他懒惰会让你有足够的动手机会。最怕你遇到一位又聪明又勤快的律师，啥事他都自己完成了，你最多在旁边看看，根本得不到锻炼。

律师助理的职责还有一个“兜底条款”，那就是处理律师交给你处理的其他工作。我做律师助理期间，经常帮师傅去开讲座,甚至被师傅安排去陪同律师事务所主任接待重要客户。我的一位从公安机关辞职做律师的同事,做律师助理时,经常被要求给其他律师介绍侦查机关的思维特点,要求解答侦查机关遇到律师的某些意见时会如何应对。我最近招了一位从军20年自主择业的助理,我交给他的"其他工作",就可能包括我们律师事务所与部队之间的普法咨询等。一些律师处理涉军案件,也可能向我借用这位老兵了解情况,毕竟他具备一般律师普遍缺乏的专门知识。

许多学校愿意从毕业生中招聘老师,认真培养,而不是从其他学校"挖人",其中一个原因就是担心这些老师思维已经定性,难以顺利融入本校。许多律师事务所也是如此。他们更喜欢从律师助理中培养执业律师,而不是直接招已经成熟的律师,除非这些律师业务能力与性格特点都无可挑剔、令人满意。如果律师事务所规模较大,文化底蕴深厚,他们有信心将任何青年律师即使是执业多年的青年律师"合众为一",这样的律师事务所必然有其过人之处,能够通过"兼容并包"的开放心态,支持各位律师尤其是青年律师的个性化发展。

律师助理可以把自己的发展方向定位为文案律师,也可以定位为出庭律师,甚至可以把自己定位为案源律师。只要这些发展方向符合自己的优点与特色，都应该得到支持，切忌人为划定“禁区”。

我当时把自己的发展方向定位为文案律师，那是因为我做律师助理之前已经有一些网络粉丝，我的文笔在一群青年律师中处于优势地位。我最初的目标就是跟着某位优秀合伙人，帮他写写文章、制作演示文稿（PPT）、起草文书，我还提出刑事辩护的“三纲”即询问提纲、质证提纲、辩论提纲。只可惜我执业后没有机会加入律师团队“跟着走”，我“情非得已”把自己改造成办案律师尤其是“代工律师”。因为我没有案源，那时也没有遇到愿意给我提供充足案源的资深律师或案源律师，因此我只能边走边看，摸索适合自己的成长方式。

我的一位同事，出身政法世家。他出来做律师助理时，就明确自己的发展方向是做案源律师。虽然他只是律师助理，但他能够为许多执业律师提供案源。别人相信他而找他办案，他则把案件交给自己认可的业务骨干。那些需要优秀律师才能胜任的大案要案，他都能直接去找其洽谈，再知名的律师在他面前都客客气气，愿意精诚合作。当然，他对合作律师的技术能力与办案态度极为挑剔，这也是他从律师助理期间就赢得广泛认可的重要原因。

如果你有高质量的案源,即使你只是某位律师的助理,那么这位律师甚至你所在律师事务所的主任都不会只把你看成律师助理,而是看成合作伙伴。这也说明律师行业最稀缺的是案源尤其是优质案源。律师助理的成长要求,更多的是针对缺乏案源的律师讲的。曾经有一位北京律师跟我谈到案源问题,我说如果你有支付能力的客户资源,那么你是不是律师不重要,你在哪里工作也不重要,你随时可以联系国内任何知名律师,让他们以你的好朋友或合作伙伴身份出现,尽职尽责办理这些案件。

青年律师在律师助理阶段,需要按照自己的特长寻求发展。办案、文案、案源,他们完全可以在分工协作中实现服务质量的最大化。

第六讲｜实习律师

我国《律师法》第5条第1款规定，“申请律师执业”应当符合四项条件，其中就包括“在律师事务所实习满一年”。因此，申请律师执业的人员，在律师事务所实习期间，也被称为实习律师。申请律师执业人员实习证，通常被称为实习律师证，用于证明申请执业人员的工作身份。

持有实习律师证的人员，不得单独开展律师业务。这句话也可以理解为，实习律师跟着执业律师可以办理各种业务。你可以把实习律师看成协警，执业律师看成警察，协警不能单独办案但跟着警察可以办理绝大部分业务。不过，法律规定两名警察执法时，协警不能签名也不占名额，但许多法院认为实习律师不能单独出庭，但当事人最多委托两名律师时，实习律师占一个名额。

实习律师与执业律师的区别,就在于实习律师不能单独办案,尤其是不能单独开庭,不能单独会见,当然也不能单独与办案人员沟通。不过,实习律师能不能单独向办案机关提交材料,能不能单独去检察院拿阅卷光盘,也就因人而异。惠州的一些公安机关、检察院和法院都可以接受实习律师以律师的名义递送的材料。惠州的一些检察院允许实习律师帮律师代领阅卷光盘,但要求律师写一份委托书,写清楚是委托他人(实习律师)代自己领取阅卷光盘。我经常在出差途中,手写一份委托书,拍照发给我的实习律师,让他们去拿阅卷光盘。

实习律师的成长,一般分为前期、中期与后期。前期的任务是学习办案,中期的任务是学习合作,后期的任务则是通过面试考核。申请执业人员要求实习期满一年,加上准备面试考核的时间,一般需要一年半左右。如果没能一次性通过实习面试考核,那么实习期就需要适当延长。

我带的实习律师,在申请实习之前都有半年或一年的助理期,这个时间内他们已经在学习如何办案。我对律师助理的要求是,除了实习律师才能做的事情例如与律师一起去会见、阅卷、开庭,其他各种工作都要参与。毕竟实战经验不是旁观出来的。

实习律师参与办理刑事案件只能保持沉默,许多刑庭都不允许实习律师发言。但是,实习律师办理民事案件或者行政案件、劳动案件,他们应当积极发言。实习律师办理那些争议不大、对抗性不强的民事案件或劳动案件,我建议律师可以让他们承担主要发言任务,自己在旁边补充发言、查漏补缺就行。实习律师只有在庭审中得到锻炼,实习才能真正起到作用。我建议刑事专业律师偶尔也要办理几个非刑事案件,一则让实习律师有练手的机会;二则大量刑事案件的无罪辩护也需要民事思维、行政思维。

学习办案的重要机会,一是出庭代理案件;二是参加疑难案件分析;三是参加经典案例分享。出庭代理案件的重要性大家都知道,“前人之述备矣”,但参加疑难案件分析与经典案例分享,却被许多人忽视。

疑难案件分析会一般在审查起诉阶段完整阅卷后举行,当然也可以在开庭之前举行,从而保证能够较为完整地了解案情。以刑事案件的疑难案件分析会为例,可以让实习律师来主持,由他们来介绍基本案情、归纳案件的焦点与疑点、提炼办案机关的有罪逻辑、引出本案的辩护方向与辩护方法。与会人员对案情有疑问,主持会议的实习律师负责回答,这对实习律师是巨大的挑战,同时也让实习律师得到最有效的锻炼。

实习律师在主持疑难案件分析会的过程中,还要迅速掌握与会律师发言的要点,结合自己掌握的案情作出解释。如果是自己没能掌握或者没能完整掌握的案情,这就需要更详细地阅卷。疑难案件分析会,应该有律师从办案机关的立场上发现问题、提出问题,甚至要有律师扮演“蓝军”,这才能预演办案机关的“全火力输出”。实习律师扛不住“蓝军”律师的有罪指控是正常的,这也能帮助其他律师发现案件的困难之处,更能提醒实习律师需要在哪些环节补强证据。

疑难案件分析会要有几位业务精湛的律师参与,才能让与会人员尤其是实习律师获得学习机会。我们卓凡律师事务所刑事部2013年成立以来,就要求主要成员都参加疑难案件分析会,而且充分利用卓凡刑事部有些律师本就是“公检法监”出来的这种优势,群策群力。疑难案件分析会最终需要得出结论,要建议办案律师选择无罪辩护还是轻罪辩护,建议办案律师要注意本案哪些对我们不利的证据。

高质量的疑难案件分析会,在公诉人扛不住辩护人的无罪辩护时,能预判法官会向哪个方向转进。我那次办理袁某等3700余万元敲诈勒索疑难案件分析会时,老警察出身、时任卓凡刑事部主任的王永平律师，在总结发言中就提出，你们无罪辩护是有效的，但要预防法官可能会改变罪名，向寻衅滋事方向突破。我们“提前预判了法官的预判”，后面的庭审与庭后沟通，也就更加顺利。

当然，即使疑难案件分析会得出结论认为有些案件必然有罪，律师也要有自己的判断力。既然案件退无可退，那就“死战不退”，通过临场经验发掘卷宗中没有的证据漏洞。疑难案件分析会相当于“书面审判”，毕竟缺乏现场感，而律师在现场通过交叉询问、庭审辩论中发现的切入点，往往能够起到关键作用。

经典案例分享会，许多人把它理解为“庆功会”，其实不然。经典案例分享会，是一次经验总结大会。律师面对成功案例，要注重办案过程中有哪些值得保持的有效方法，有哪些需要改进的不足之处，应该如何改进。这些工作都可以交给实习律师完成初稿，律师提出修改意见，逐步完善直到形成一套行之有效的办案方法。

当然，经典案例分享会也是一次有效的宣传会。无论是无罪案例，还是改判案例，抑或改变罪名轻判案例，以及降档轻判等案例，都可以作为经典案例予以分享。这既能鼓舞士气，特别是让实习律师意识到原来我们的辩护方法是可行的，也能宣传成功案例，让更多潜在客户认识到原来某律师某团队办案能力是值得肯定的。我们的经典案例分享会,切忌自吹自擂,必须充分尊重办案机关,正是因为他们尊重证据规则,正是因为他们坚持法治原则,才有这些成功案例。

我第一次办理无罪判决案件时,就在接受媒体采访时充分肯定当事人、法官、检察官及实习律师。我说首先是因为当事人坚持无罪,这才让律师有勇气把无罪辩护进行到底;其次是因为法院,这个案件我无罪上诉到省高级人民法院后,发回重审,市中级人民法院认识到无法查明洪某主观明知,作出无罪改判;最后是因为检察院,这个案件他们接受了法院的无罪判决,而不是提起抗诉。我的实习律师小胡,他全程参与案件,提出了许多中肯的意见,为最终说服办案机关起到了重要作用。

实习律师第二个阶段的主要任务,是学会与人相处。律师是一个与人打交道的职业,成功的律师无一例外都懂人性,都知道如何与人有效交往。即使是文案律师,他们也需要与出庭律师交往,还要在文字中与办案人员交往。你能说服别人,你必然懂得人性的特点。

律师安排实习律师跑跑腿,例如去法院递交材料,或者去检察院阅卷。有些实习律师说一句话,法院、检察院的工作人员很开心，愿意竭尽所能提供帮助。有的实习律师说一句话，能让法院、检察院的工作人员火冒三丈。原因何在？当然是你愿不愿意与人为善，你擅不擅长与人交往。我们不需要甜言蜜语，但我们需要尊重他人。没有人欠你的，没有人喜欢冷冰冰的态度，更没有人愿意帮助“好斗”又喜欢“毒舌”的年轻人。

有句话说得好，“爱笑的人运气都不会差”，你对谁都有一张笑脸，都保持善意，周围的人当然更愿意帮助你，你会发现身边处处都是贵人。好运气是自己争取的，冷眼斜瞧的人即使好运气来敲门也会被怼走。我经常要求我的团队律师尤其是实习律师，一则与人为善待人客气，二则举手之劳不要拒绝。你微笑着面对他人，你懂得尊重别人，你乐于助人，你知道如何让人高兴，那么你会发现好运气总会眷顾你。

我带着团队律师开庭，每次询问我都会明确几句话：某某某您好，我是谁谁谁的辩护人余律师，我有几个问题向您询问，请向法庭如实陈述。即使是被告人，我们都要客客气气，而且绝对不能故意把人家绕进去。此时，坦诚与客气是必须具备的询问态度。

经常看到一些律师晒他们的辩护团队，满面春风满脸微笑，我就觉得这样的律师团队办案能力都不会差。如果看到一些律师或实习律师，总是一副苦大仇深的样子，总觉得他们是"被侮辱与被损害的人"，你觉得这样的律师团队即使有战斗力，能得到充分发挥吗？当然，与人为善不是自降身份，更不是去曲意迎合他人，而是尊重自己、尊重他人。

实习律师第三个阶段的任务是面试考核。我是广东省律师学院的讲师，参加过多次的实习人员模拟面试考核大赛，后来我也就实习律师面试考核向惠州市律师协会提出过一些建议。我认为律师协会对实习律师组织面试考核是有必要的，目的在于帮助实习律师更好适应律师执业的新环境。我认为实习律师既然能够通过法律资格考试，那么他们的基本功没有问题，只要他们认真实习则任何律师都应该能顺利通过面试考核。

对于实习律师业务上的考核，只要答对60%的选择题、简答题即可。如果某一道题太难，我还会当场调整难度，加试一些题目，争取让绝大部分的人能通过。不过，"红线不能踩"，那就是律师"八不准"必须掌握。实习律师如果对司法局、律师协会那些禁止性规定不了解，那么他们很容易执业后遇上麻烦。每年都有律师因为执业问题被处罚，需要引起所有实习律师的警觉，尤其是那些明确"不准"的事项。

实习律师需要随时提醒自己,如果明天执业了,自己该怎么做。届时,实习律师需要学会用执业律师的思维考虑问题。做实习律师最大的好处,就是遇到任何困难都可以向自己的指导律师求助,实习律师需要充分利用这一年半的时间,学会指导律师的主要本领。

第二编

生 存 期

Survival Period

青年律师获得案源有三种方式：自己发展案源、团队分配案源、与“案源剩余”的律师合作。这三种方式，没有最好，只有最适合。

第七讲 | 生存压力

许多人以为拿到律师执业证就可以“大干一场”，毕竟法律服务市场如此成熟，“弱水三千，我只取一瓢独饮”，有何不可？不是说大量的律师生活富足、工作优先、令人尊重吗？“理想很丰满，现实很骨感”，青年律师从拿到律师执业证那一刻开始，就面临一个重要问题，客户凭什么信任你？

那次出差广东潮州，与施奕盛律师小聚时，他对我说，青年律师的困境就在于他们是青年律师。不认识他们的人，当然不会委托他们；认识他们的人，也不会委托他们。我感叹：不认识他们的人，当然不会委托他们；认识他们的人，知道他们还是青年律师，缺乏经验，也不会委托他们。

青年律师的生存压力，几乎是“命中注定”，他们在人脉、品牌、经验上处于明显劣势，能够“突出重围”的少之又少。青年律师的压力，主要来自三方面，一是资深律师的“降维打击”，二是青年律师的“内卷”，三是法律服务市场对青年律师越来越“不友好”。

资深律师的“降维打击”，其实也是青年律师的优势。古话说“二十年的媳妇熬成婆”，青年律师熬成资深律师，也需要长期的时间沉淀，才能逐步弥补青年律师在工作经验上的短板。资深律师都是青年律师熬成的，其中就包括碰过不少的壁、踩过无数的坑。我们只看到资深律师现在的光鲜，不知道他们早年经受的各种苦难。

青年律师中当然有佼佼者，年龄较大的律师也并非都属于资深律师。但青年律师中优秀者的比例，毕竟远不如资深律师中优秀者的比例，要知道青年律师可以很刻苦、肯努力，人家资深律师也会很刻苦很努力。20 年前甚至 30 年前上大学的那批人，他们可是在“知识改变命运”的鼓舞下发奋读书的，没有人比他们更懂得那句“知识就是力量”。

“法律的生命，不在于逻辑而在于经验”，律师行业更是一个实操性很强的职业，理论功底只是掌握后“如虎添翼”，但理论知识无法脱离实践经验独立发挥效用。资深律师深厚的社会阅历与丰富的社会经验，是任何书本知识包括一线律师的办案手记,所无法替代的。律师可以博览群书,可以博闻强识,可以娴熟掌握各种辩论技巧,但如果没有多次在法庭上与“高手”过招,是很难深刻体会到“阵而后战兵法之常,运用之妙存乎一心”。律师真正的“核心竞争力”,就在于“存乎一心”。

律师是一个服务行业,你不仅需要提供优质服务的能力,而且需要有熟悉潜在客户偏好的感知能力,甚至需要有培养市场需求的引导能力。在越来越成熟的法律服务市场上,为什么总有一些律师能够用自己的口碑赢得广泛信任?当然是因为这些律师从业多年,有大量的成功经验,能够迅速预判办案机关侦查方向或者入罪要点,从而“先人一步”“快人一步”。

中国依旧是熟人社会,人们对熟人有更多的认同感,对陌生人很容易产生偏见与猜疑。你要与客户之间形成“熟人关系”,让客户更容易信得过你,那么长时间的接触与交流是必要的。即使是律师与办案机关沟通,有多次交流的基础,也对律师说服工作有助推作用。这些相互熟悉的关系,在各种正当交往中都能发挥积极作用。

2008 年,我刚转行做律师时,既没有人脉帮助也没有团队支持,如何在这种生存压力中走出去,我只能

“摸着石头过河”。既然不知道“明天吃什么”,那么我能做的事就是把阅读、写作、向律师前辈请教、参加各种公益活动、接受前台咨询服务作为自己的主业。我们不仅需要读书、读案例集、读他人的经典法律文书,还需要阅读律师事务所的各种档案卷宗。大量阅读的同时,需要撰写丰富的读书笔记,把自己阅读的感悟形成文字记载下来,遇到疑问要向其他律师学习请教。每天我都在办公室观察其他律师有没有可以需要我帮忙的事,等待有人来前台咨询的,与同事交流,通过交流和做事让别人发现我身上的闪光点。

正是因为我的勤奋、热忱,加上我从小爱笑、嘴甜,一些律师前辈有剩余案件,愿意交给我处理。他们没空写答辩状、辩护词或者阅卷笔录,也让我帮忙。我学生时代文笔就不错,帮他们写各种文案也很顺手。在他们的帮助下,我很快获得足以生存的案件,成为我们律师事务所成长最快的青年律师之一。

随着 1999 年大学扩招以及 2018 年司法部允许在校大学本科生参加国家司法考试,20 年来大量青年学生涌入法学院系涌入律师队伍。这 20 年也是中国律师人数增长最快的时期。

2004 年《中国人权事业的进展》报告记载:据统计,截至 2004 年 6 月,全国执业律师已达 11.45 万人,律师事务所已达11691家。新华社北京2015年8月20日电（记者 白阳）记者从20日召开的全国律师工作会议上获悉，我国律师事业近年来取得长足发展，截至2014年年底，全国律师总人数已达27万多人，律师事务所达到2万多家。2024年律师人数超过了70万人。20年间，中国律师人数暴涨了6倍，青年律师如何不"内卷"？执业不满10年的律师占到律师总人数的57%，执业不满20年的律师占到律师总人数的86%，而法律业务却没有成比例增长，这就导致"内卷"成为普遍现象。

2023年年初，参加律师事务所的青年律师成长座谈会，就有律师后辈对我抱怨说，余律师，我们所处的时代跟你们那时不一样了。你们15年前办理交通事故案件收取2万元的律师费，而现在我们能收5000元的律师费就很不错了。大量案件在你们所处的时代属于智力活，我们今天已经是体力活，你不做有人做，而且我们还饱受法务公司、公民代理恶性竞争之苦。确实有极少数青年律师发展不错，但绝大部分青年律师，只能做"法律民工"。我听了，也大为震撼，在大量新律师进入法律服务市场后，青年律师的"内卷"更加激烈。

上海某律师曾在网上诉说自己的生存困境，做实习律师月收入4500元,做授薪律师月薪5500元。上海是中国一线城市,如此低廉的薪酬,他们甚至很难维持生计。律师人数“供过于求”,导致法律服务市场大量律师“滞销”,大部分律师也陷入“无须竞争”与“无效增长”中。

这些年我国的法律服务市场,对青年律师越来越“不友好”,这不仅体现在“供给侧”上太多的青年人进入律师行业,而且体现在“需求侧”上律师服务业务锐减。

面对客观存在的生存压力,青年律师该怎么办?

我经历过起步最初两年的艰辛。2015年我开始带团队时,就想帮助我的团队律师少走“弯路”,至少保证他们执业最初3年没有生存压力之苦。我承担起提供案源、价格洽谈、归纳辩点、质量把关等职责,他们则负责协助我处理案件的具体工作尤其是承担文案工作。

青年律师面临生存困境,需要自己努力但也要学会借力,把自己变成一位他人需要的人。现在,我的团队律师能够获得我的支持,也是因为他们有能够协助我工作的优点,从而实现优势互补。我也擅长处理琐事,也喜欢制作文案,更习惯与办案机关预约工作交流,但这些事交给团队律师处理似乎更合适。一则他们能得到锻炼，更好更快发展；二则我也能从这些日常事务中脱身出来，集中精力处理那些需要提升核心竞争力的品牌建设和案源拓展等工作。

青年律师需要清楚中国律师行业“前途是光明的，道路是曲折的”。既然“依法治国，是党领导人民治理国家的基本方略”，既然“全面推进依法治国，是着眼于实现中华民族伟大复兴中国梦、实现党和国家长治久安的长远考虑”，既然律师的职责是“维护当事人合法权益，维护法律正确实施，维护社会公平和正义”，那么随着我国法治的完善与不断进步，律师行业最终得到全社会的认可并获得广泛的需求，也是社会发展的必然。

在我国，法律是人民群众意志的集中体现，这也意味着随着法治意识的增强人民群众越来越需要律师正确履行职责。人民内部矛盾，需要民商法、行政法予以调整。敌我矛盾，需要刑法予以调整。如何有效查明事实、正确适用法律，如何避免冤假错案，不仅需要政法机关依法开展专门工作，而且需要律师提供高质量的法律服务。规则意识，其实就是法律意识、证据意识。要把法律规定从纸上变成生活中的规则，离不开律师工作的“激活”。

经济越发展，就越需要律师“保驾护航”。企业合规、利益调整、产业升级，涉及法律领域的事务都是律师服务的范围。新技术、新产业、新业态、新模式经济，一方面需要法律的引导与保护，另一方面需要妥善处理与国内外经济体之间的合作、竞争关系，当然离不开律师行业的精心支持。中国律师主要集中在经济发达的一线城市与新一线城市，这足以说明律师需求的扩大与经济发展之间存在必然联系。随着中国经济的进一步发展，律师业务需求必然不断增长，呼唤着中国青年律师提供优质服务。

第八讲 | 获得案源

青年律师成长,都必须解决一个关键问题,那就是获得案源。能否获得案源、如何获得案源,这是每位青年律师必须面对的话题,也是青年律师最终能否避免被法律服务市场淘汰的关键。

青年律师获得案源有三种方式:第一种是自己发展案源;第二种是获得团队分配的案源;第三种是与"案源剩余"的律师合作。这三种方式,没有最好,只有适合,都有青年才俊凭借适合自己的方式顺利熬过生存期,进入发展期。

自带案源的青年律师,往往家族力量强大。他们能够借助亲属、亲戚的帮助,获得丰富的案件。当然,这些自带资源的年轻人,即使不做律师而也可以从事其他行业。

自带案源的实习律师需要听懂办案律师的案件分析提出观点，根据案件的复杂程度与客户的支付能力，提出案件办理方案。这类青年律师需要具备资源的整体协调能力，尤其是在众多的客户中一眼看中某宗案件有代理空间，还能在万千人中准确找到业务优势切合案件的办案律师。

真正能力超凡的案源律师，靠的是自己的人情人脉，靠的是自己能找到称职的办案律师。只有人脉关系还不够，还要能够解决问题。有位案源律师跟我说，他从不搞勾兑，也从不承诺案件办理效果，只要他能找到合适的律师帮到别人，他会有越来越多的客户找上门来。

自带案源的青年律师属于凤毛麟角，绝大多数的律师只能寻求团队案源。团队是律师出现“剩余案源”的产物，案源充足也是律师团队的共同特征，这也就意味着青年律师能够加入律师团队，就没有寻找案源的后顾之忧。但你要被律师团队吸纳为核心成员，而且还能不被其他律师取代，也需要不断提高自身的业务能力。

一些优秀律师，你看他每周奔赴三四个城市，还能参与到两三场会议或者讲座中，其发言可圈可点。他们在庭审中更是表现优秀。他们都没有三头六臂，每天还有充足的时间休息、运动、交际，甚至身材管理羡煞旁人，你想想是因为什么？当然是因为他们背后有一个强大的团队，能够为他们提供周到而优质的支持。这些团队负责人基本都是资深律师，无论是获客能力还是谈价能力都远在普通律师之上。你能加入这些资深律师的团队，就无须担心案源缺乏，甚至你的特长总能被经验丰富的资深律师发掘。

能够被律师团队看中，必然是因为你有过人之处。要么你文笔不错，即使不能“指物作诗立就”，但至少能够高效率完成文书写作任务，而且能够超过大部分的青年律师；要么你口才很好，无论是与人交流还是庭审辩论，都能快速读懂他人提供的咨询还能找到这些咨询的重点，作出适当的反应；要么你擅长制作宣传资料尤其是 PPT，总能图文并茂让人毫无障碍清楚你想要表达的意思，条理清晰、逻辑自洽；要么你精通讲课，能够抓住听众的心理，深入浅出让听众接受你的观点。如果这些你都不会，那么你需要吃苦耐劳，能干各种琐事，照顾团队其他律师的生活。

如果你说我会喝酒，或者我长得好看行不行？如果你有这些特点，那都属于加分项，确实能够引起关注。但如果你只有这些特长，而不能提供上面几种业务技能，那么你的这些优点并没有太大价值。

律师在团队中获取案源相对容易,那就是保证质量完成团队负责人安排的任务,能够超额完成任务当然更好。一些人问,我不擅长与人交往,我也不擅长喝酒,我甚至长得不好看,还普通话不标准,是不是没机会做律师了?其实这种人如果知识渊博、思维敏捷、文笔流畅,那么他只需要认认真真做个文案律师就好,每天只需要守着电脑,与文字打交道。别人写不了的文章你能写,别人做不了的 PPT 你能做,别人不能保证质量的法律文书你能保证,这样的律师做文案,哪个律师团队不喜欢?

早年读《史记》,我就对李斯陷害韩非子感到大惑不解。韩非子博闻强识、文笔生动、逻辑严密,却天生口吃而且是韩国公子(有人考据是韩襄王的孙子),这说明韩非子可以是杰出的文案人才,但不会得到秦国的重用,这与李斯是多好的搭配啊。你有优点,这才能够与他人合作。你有缺点,这才需要与他人合作。如果你不是"全才"而是"专才",那么这种合作不仅有可能,而且有必要。我们不需要自己"全知全能",抓住自己的核心竞争力就行,其他的都可以与人合作。

律师团队发展越成熟,越会强调律师某个方面的特长,而提供案源则是团队负责人的任务,青年律师在律师团队扮演好自己的角色就好,无须面面俱到。一些青年律师似乎没有安全感，总觉得要有自己独立的案源。其实这是一种“个体户”思维，而律师中的“个体户”如何能与律师团队相比？你自己既要做案源律师，又要做办案律师，还要做文案律师，甚至自己打杂处理日常事务，这样的律师如何面面俱到，如何保证工作质量？人的精力毕竟是有限的，“博而不精”很容易让一位青年律师逐渐“泯然众人矣”。

当然，如果青年律师满足目前的“个体户”状态，自己的案源正好够自己办理业务，不加入律师团队而是独立发展，也是很不错的方式。发展方式各异，适合自己特点的就是最好的。就像有人追求离家近，有人追求收入高，有人追求工作轻松，有人追求同事关系融洽，能够“做自己想做”的才是最舒服的。

青年律师获得案源，还有一种方式是与“案源剩余”的律师合作，帮他们办案。有案源剩余的律师，如果有自己的团队，一般会把案件交给团队律师处理，很少有“溢出”。那些没有自己的团队或者自己的团队某项业务能力欠缺的律师，一旦出现“案源剩余”，他们就面临要么浪费、要么找办案律师合作的选择。此时，青年律师就可以迎上去，与他们合作。

2009 年我刚执业时，就面临一个颇为严重的问题，案源从哪里来？明天吃什么？我那次去深圳，发现一些青年律师即使是周末也留在办公室，就为了不错过上门咨询的临时性客户。我的一些同行律师，还去公园、工业园门口摆地摊提供法律咨询。“为了碎银几两，为了一日三餐有汤”，许多人今天的舒适背后，满是起步阶段的辛酸。

那时的惠州，还不流行律师团队，律师执业后，指导律师就不再带了。我这样从湖北来广东做律师而且是从教师行业转入律师行业的新人，比起那些在本地生活长大的同事，我更加艰难。我突然发现，一些律师不是有“剩余”案件吗？我可以帮他们办理这些案件啊。

说干就干，我就主动找一些跟我私交不错的资深律师帮忙，表示那些适合我做的案件，我都可以办理。收费你说了算，分钱你也说了算。一些没有多少标的额的案件、当事人支付能力有限的案件、需要出差的案件、很棘手的案件等，对他们而言都是“食之无味弃之可惜”的“鸡肋”案件，却帮助我渡过了缺乏案源的最初两年。

任何案件只要愿意交给我，我都能保证质量将他办好，至少不会比其他青年律师做得逊色。我刚执业时，有的是时间，那么我就认认真真研究如何办案。我甚至在电脑里，按照案件不同类型，将相关资料都准备好。劳动案件、离婚案件、交通事故案件、房地产案件等，法律法规、司法解释、座谈会议纪要、典型案例、经典代理词（辩护词），我都尽量全面收集。如果说其他律师需要说服客户，我则只需要说服有“案件剩余”的律师。与他们的私交只是润滑剂，我能有条有理分析相关案件，这才是他们放心把案件交给我办理的关键。

我接受了其他律师的案件，不仅会随时告知进展情况，还会通过法律意见书的方式向他们汇报案件的办理方向，案件结束了再写一份总结报告。我眼中没有小案件，任何案件我都会趁机把相关知识“一网打尽”，万一下次其他律师信任我让我办理较大的案件呢？有我这样的优质助手，他们遇到疑问都不需要查找资料，甚至不需要看卷。

当时有八九位律师给我提供过案件，我很珍惜这些案件，穷尽各种方法追求好的结果。直到今天我依旧对这些律师满怀感恩之心，他们能够信任我，能够把案件交给我练手，这是极其不容易的。获得了案源，我们才能在律师行业活下来，才有继续前行的基础。

第九讲｜发掘特长

青年律师在生存期，很重要的自我实现就是发掘自身特长。人与人之间总是存在差异，这就需要扬长避短，帮助自己尽快熬过“生存期”。

青年律师相对于资深律师，经验不足、案件不多。最大的优势与最大的短板其实是一枚硬币的两面。经验不足，受到思维定式影响反而较浅；案件不多，就有充足的剩余时间，可以用在业务学习上。青年律师结合个人特点，发掘特长，稳健成长，是其努力的方向。

如果说高考填报志愿是选择自己接受高等教育的专业方向，那么出来做律师则是选择自己胜任律师工作的特长方向。我们都有自己的强项与弱项，找准自己的强项，规避自己的弱项，清楚自己不是“全才”，甚至承认自己不属于开局即“巅峰”的“天选之子”，这是我们最终在律师行业站稳脚跟的前提。青年律师发掘特长，至少需要“三步走”战略，第一步是“干自己能干的事”，第二步是“干自己能干也想干的事”，第三步是“干自己想干的事”。

“干自己能干的事”，这是选择任何工作尤其是律师工作的基础。我们悄悄问自己，“我能干什么”？如果你会的技能别的律师都会，或者你会的 90% 的青年律师都会，那么这些技能就属于你作为律师的基本功，而不是你的特长。你会的技能其他大部分律师尤其是你所在城市或律师事务所 50% 以上的青年律师不会或者不擅长的，这才是你相较于其他青年律师的优势之所在。

你不需要各方面都很突出，那样的“牛人”毕竟是可遇不可求的奇才；但你也不能各方面都不突出，没有特点就意味着你很容易被潜在客户忽略，更会被你的同事忽略，而且你的贵人凭什么在千万人中一眼看中你而不是别人？如果你确实发现不了自身的特点，甚至你的朋友也发现不了你的特点，那么你就需要脚踏实地，先勤勤恳恳、认认真真从日常工作做起，就是跟着其他律师打打杂都行。

你至少可以比其他律师更努力，例如别人每月读一遍《刑事诉讼法》，你可以每周读一遍《刑事诉讼法》,甚至每天抄写一遍《刑事诉讼法》,你还可以阅读或者抄写《刑事诉讼法》的司法解释、《人民检察院刑事诉讼规则》、《公安机关办理刑事案件程序规定》。这样坚持一年半载,你对程序辩护的知识点的掌握,必然碾压绝大部分青年律师。

记得刚执业时,因为劳动案件很常见,我为了办理劳动案件,一咬牙天天阅读相关法律法规,《劳动法》《劳动合同法》《劳动争议调解仲裁法》《最高人民法院关于审理劳动争议案件适用法律问题的解释(一)》《工伤保险条例》逐渐烂熟于心。2012 年走上刑事专业化道路之前,我在律师事务所主攻劳动法。直到今天面对一些熟人咨询,我依旧能熟练地说出劳动案件的关键知识,这也是拜当年认真"读法条"所赐。其他律师有劳动案件,也愿意让我帮忙。

青年律师先做好自己能做的事,这是律师生存的前提。"活下来"是青年律师追求的现实目标,也是绝大多数律师必须经历的初级发展阶段。只要有案件交给自己来办理,只要能让自己被客户"使用",就是值得高兴的事。你能被使用才有使用价值,别人能利用你说你确实能帮到他们。最可怕的是无人问津,那说明你没有找到自己的任何特长,而且被其他青年律师绝对碾压,此时我们需要想想"我能干什么"?

特长很广泛,可以是知识渊博,可以是文采飞扬,可以是逻辑严谨,可以是口才超群,还可以是“专精”某部法律或者擅长网络检索,甚至可以是懂人情世故、懂他人心理,只要你这项技能超过大部分的竞争对手。这些特长,一开始可能是你虽然具备却并不喜欢的,此时你没有选择。告诉自己坚持下去直到逐渐熟练,这才是你该做的事。

我在入职的最初几年,经常给律师事务所撰写宣传稿。那时我需要向旁人证明我的文笔,至少在律所的年轻人中我的文宣能力相对突出。2011 年,我熬过了生存期,不再担心“明天吃什么”,我就很少写宣传稿件了,这些日常事务逐渐交给了年轻的律师助理或者行政人员。

等到青年律师有了一定的技术储备,就可以“干自己能干也想干的事”,把自己的业务能力与兴趣爱好有机结合起来。这个阶段的青年律师,有了自己的偏好,有的律师喜欢出庭办案,有的律师喜欢制作文案,有的律师喜欢洽谈案件,有的律师喜欢参加饭局,有的律师喜欢与媒体打交道。

青年律师要有属于自己的特长,最好是这种特长你自己也很喜欢。记得一位惠州青年律师擅长摄影,无论是律师事务所还是律师协会组织活动,他比专职摄影师都抢手，因为他知道如何抓拍发言人最美的瞬间，如何体现最优角度。举行重要会议时，其他律师正襟危坐认真聆听领导发言，他可以离开座位，寻找不同的角度拍照。当时我们文宣的“黄金组合”，那就是这位律师拍照我来配文。

我是文案律师起步的，一则因为我一开始展示出来的特长就是写作能力，二则写作给我带来了最初的名气、人脉与案源。我喜欢读完一本书或者一篇文章后，会写一篇文章来“复盘”，以便自己更精准理解文章内容，并提升他人作品的思想能力。

文章写作，最艰难的是刚开始动笔的那半年。我给自己定下了一个小目标，那就是平均每天写一篇文章。写一周甚至两周很容易，但写了三周、四周就开始出现“写作疲劳”的情况，因为我不知道自己该写什么。万般无奈之下，我干脆写“法律解读”，那就是按照自己的理解对法律规定进行解释与分析。我的观点不一定正确，但能用自己的语言去解释法律法规，不仅让我对国家立法有了更深的理解，还让我发现法律法规的立法目的。这对于我后来办理各种案件尤其是行政案件与刑事案件，帮助很大。

鲁迅先生说，他总是利用别人喝咖啡的时间来写作，我则是利用别人打牌或者抽烟的时间来写作。鲁迅先生说每当夜间疲倦，正想偷懒时，仰面在灯光中瞥见藤野先生黑瘦的面貌，于是乎又良心发现，而且增加勇气了，于是点上一支烟，再继续写些为“正人君子”之流所深恶痛疾的文字。我则是遇到自己想要退缩时，就告诫自己当年是花了 1 万元出来做律师的，切不可浪费了自己好不容易争取到的做律师的机会，而且我这样跨专业做律师的大龄青年，社会资源几乎为零，只能通过自己的文笔让别人知道我，才能敲开成功律师之门。

如果说第一个阶段“干自己能干的事”，我们需要跟现实妥协，那么第二个阶段“干自己能干也想干的事”，我们就能够稍微保持自己的个性，而到了第三个阶段“干自己想干的事”我们终于能够活成自己想要的样子。此前的妥协是情非得已，但也是磨炼自己的性情。我们需要跟自己和解，让自己顺利融入周围的圈子，逐渐引导这个圈子为自己赋能。

许多青年律师从体制内出来，放弃了稳定的工作，许多青年律师从内陆到沿海、从乡村到城市乃至大都市，不再是“离家近，工作少”，想想我们所为何事，我们的“初心”在哪里？当然是为了生活更美好，为了做一个能帮到别人的人，为了实现自己的人生理想。“干自己能干的事”，这才让自己选择做律师有价值。

如果只是为了"混生活",那就没必要换工作,更没有必要走上充满挑战的律师生活。

"干自己想干的事",此时,我们的爱好就是我们的特长,遇到任何困难,都可以从容面对。我当初也是做了诸多选择的。在我们律所,比我能讲的律师,不在少数。但要说写作尤其是通过写作获得案源,我敢说是很有优势的。

当然,无论是写作还是讲课,都是业务能力的体现,"案例为王"才能使写作或者讲课言之有物。

青年律师需要清楚自己在哪些细分领域相对竞争对手有优势,然后挑选一个更能体现自身特色的细分领域,这才是我们有效发展之本。不要只想着补齐短板,那是团队负责人考虑的问题。青年律师还需要考虑的是如何凸显特长。

第十讲 | 执业安全

青年律师成长,执业安全是关键。每年总有律师尤其是青年律师因为经验不足等原因受到行业惩戒、行政处罚甚至刑事处罚,这说明我们必须认真面对现实风险,确保执业安全。

青年律师的执业风险,大家在实习期间就耳熟能详,不知道背诵过多少次。我在担任惠州市律师协会实习考核面试官期间,发现许多实习律师对律师行政违法与行业违规的禁止性规定不太了解。我不禁想:他们执业后如何保证自身的执业安全?

有些知名律师即使吊证了,也能通过团队合作继续从事法律工作,例如担任辩护律师团的顾问、指派徒弟出庭辩护。但我们普通律师尤其是青年律师却没有这样的名气,更没有这样的运气,因此,保护自己才是执业律师优先考虑的。马云说我们不应该追求零风险,因为零风险意味着零发展,我们要追求风险可控。其实律师行业也是如此,我们不需要追求执业零风险,那样会限制律师辩护能力的发挥,但我们必须追求风险可控,不会被行业处罚更不会被行政处罚甚至刑事处罚。

青年律师加强职业安全保护,首先,要认真学习《律师法》《中华全国律师协会章程》,清楚律师能干什么、不能干什么。其次,要了解《律师职业道德和执业纪律规范》《律师执业行为规范(试行)》《律师协会会员违规行为处分规则(试行)》,对哪种情况下可能被处罚"入脑入心"。知道"红线"在哪里,知道律师自由执业的"边界"在哪里。

青年律师的执业安全,需要关注来自四个方面的风险。第一,刑事风险;第二,行政风险;第三,行业风险;第四,当事人风险。我们律师尤其是青年律师面对风险,如果说"我不知道风是在哪一个方向吹",那就如同"盲人骑瞎马,夜半临深池"。

律师的刑事风险,最简单的预防方式就是检索裁判文书,看看律师被判有罪的案件有哪些类型。律师入罪,不仅有帮助毁灭、伪造证据罪与故意或过失提供虚假证明文件罪,还有虚假诉讼罪、危险驾驶罪、盗窃罪、故意伤害罪、诈骗罪、交通肇事罪，甚至还有组织卖淫罪、聚众斗殴罪、开设赌场罪、强奸罪、强制猥亵罪。

律师执业的刑事风险，属于“高压线”，必须慎重对待。那些与执业没有必然联系的刑事犯罪，其实很容易远离。你说危险驾驶，那我就老老实实“喝酒不开车”；你说盗窃、故意伤害，那我就手脚干净；你说诈骗，那我就认真做律师而不是把律师看成副业，尤其是不要想着利用律师身份做生意；你说交通肇事，那我就开车确保安全，从不疲劳驾驶或严重超速驾驶。至于组织卖淫罪、聚众斗殴罪、开设赌场罪、强奸罪、强制猥亵罪这些罪名，只要律师不想着在酒店、夜总会参股或者拿干股、洁身自好，这些都跟你没关系。

为预防帮助毁灭、伪造证据罪与故意或过失提供虚假证明文件罪，就要严格遵守律师行业规范。因此，许多律师协会或律师事务所，都不建议执业不满 3 年的青年律师单独办理刑事案件。律师取证，如果是客观证据则没有问题，如果是主观证据例如言词证据，建议律师与证人第一次见面是在办案机关尤其是在法院。

虚假诉讼是这些年民商事律师的重灾区，“伪造证据，虚假陈述”，捏造民事法律关系、虚构民事纠纷，意味着当事人必须主观明知。青年律师如何切割“明知是虚假民事诉讼”,这是保证自身安全的核心。青年律师应当大量阅读虚假诉讼罪入罪与出罪的裁判文书,清楚如何识别当事人提供的证据存在问题,要求当事人保证证据来源的合法性、真实性。

我在办理虚假诉讼案与诈骗案时,看到了许多当事人把责任推给律师尤其是自己的顾问律师的材料,实在触目惊心。律师需要有自己的原则立场,一方面需要通过普法咨询让当事人清楚如何寻求合法利益,另一方面发现那些存在误导律师的行为应当及时制止,必要时应该在委托代理合同中明确约定:当事人提供虚假材料可能误导律师,则律师有权利解除委托代理合同,且律师费不予退还。律师应该是风险控制专家,不应该被人拿去作为追求非法利益的“背锅侠”。

律师的行政风险,主要是被行政机关尤其是司法局处罚。青年律师需要仔细阅读《律师法》第 40 条的“八条禁令”,与第 47 条到第 49 条、第 51 条到第 55 条的相关“法律责任”。这些条款看起来是对律师行政处罚的依据与处罚措施,但同时也是对律师的保护条款,只要律师尤其是青年律师知道这些“不可为”的事项,那么其他的就属于行政“不可罚”的事项。青年律师有必要把《律师法》放在身边,有空时随时看看,能够每天抄写一遍,坚持一个月,当然更好。

律师规避行业风险,主要是熟悉律师协会制定的各种禁止性规定,知道哪些事不能做。律师协会对律师作出处罚,一般都会有文件下发到各律师事务所,律师需要重视这些处罚文件,青年律师至少要知道这些律师为什么被处罚、自己有没有相类似的问题。如果你对一项行为是否触犯了律师协会禁令存在疑问,那么你可以询问你们律师事务所的行政人员,他们一般都会比较清楚。

青年律师规避刑事风险、行政风险、行业风险的方式,就是查阅这些年尤其是近两三年本地律师遭受处罚的各种文书,他们被处罚其实也告诉了我们"雷区"在哪里。知道了"雷区"在哪里,也就能更好地绕过"雷区",安全有效地寻求发展。近些年,律师行业因为新执业人数越来越多,行业"内卷"越来越严重,许多律师因为生存艰难而忽视了执业风险防范,遭遇各种处罚。其实,越是生存艰难越要熟悉执业风险,这才能保护自己的律师资格,杜绝执业风险。

2012 年,我因为庭审辩论被某检察院投诉过;2022 年,我因为一篇文章被外省的法律工作者投诉过。好在我很清楚律师合法执业的边界,这些投诉都有惊无险被化解。2012 年的那次投诉,市委政法委的工作人员曾告诫我以后适当注意庭审发言的方式方法,你可以态度坚决,但语言可以用他人容易接受的方式。正是因为那次被投诉,我的辩护风格发生了很大变化,从“狂风暴雨”的激情辩护,转向“和风细雨”的“温柔一刀”,最终催生了技术辩护模式。2022 年那次投诉,律师协会直接驳回,我则自我反思,认为应该“同情式理解”任何职业,不能让读者有不适当的猜疑。我需要的是朋友遍天下,而不能为了引起争议而言辞犀利。

律师最终面对的是我们的委托人,因此当事人风险需要我们律师尤其是青年律师予以足够警惕。许多律师被当事人投诉,或者与当事人纠缠不休,这就需要我们有明显的规则意识。律师任何时候都不能因为可怜当事人而做一些陷自己于危险境地的事。

早年我办理房产纠纷案件,当事人说他住在深圳,带着原件来惠州开庭不方便,让我帮他保管。我出于同情帮他保管证据原件,在庭审中也出示了证据原件。我把原件还给他时,我要求他写一张收条表明原件全部归还。后来就麻烦了,他不停投诉我,说我弄丢了他的原件,我只好息事宁人,退回律师费。这件事对我影响很大,从此,“律师不收原件”也被我写进律师办案规则,经常提醒青年律师小心。前人踩过的坑,都是给后人的警示。

我们办理刑事案件都会告知家属，“我们不能保证案件结果”，我的助理小周律师每次签合同时都会让当事人清楚这些条款。有年轻人在合同中找到“争取当事人无罪释放，视为完成委托工作”，问我什么意思。我说，那也是我们踩过的坑，有当事人在审查起诉阶段被无罪释放了，回过头来找律师要求退费，理由竟然是按照三个阶段收费但只服务了两个阶段。我们加上这句话背后，是对多少心酸的反省。律师明明超额完成刑事辩护任务，有时竟然成了家属有意见的理由。

最近有家属对这句话又有疑问，是不是律师争取到无罪释放才算完成委托工作，没有无罪释放就不算完成委托工作？我对小周律师说，如果家属有疑问，你可以跟他解释清楚这句话的真实意图，提醒他这前面是分号，说明是并列关系。如果对方故意曲解我们的意思，那么我们可以拒绝合作。

跟当事人及其家属打交道，我们需要多留一个心眼，知道如何保护自己，“有事讲在当面”。我办理乐某妨碍公务案，法院建议判 6 个月，家属也愿意接受，但当事人乐某不同意，我立即让乐某在授权委托书上写一行字，表明自己要求律师坚持做无罪辩护，还写明理由。即使是熟人介绍的案件，我也十分谨慎。好在这个案件二审发回重审后，检察院撤回起诉。

关于青年律师执业安全，许多书本上没写，同事也没告诉你，但司法局、律师协会的各种处罚文件上面面俱到，大家需要将其作为必修课，认真学习。

第十一讲 | 公益服务

青年律师成长，在执业的最初几年，需要关注公益服务。律师需要清楚自己的社会定位，公益服务是律师服务的应有之义。公益服务既有利于律师加强专业积累，也有利于塑造律师行业形象与个人形象。

青年律师的公益服务，许多人简单理解为免费服务。其实公益服务对律师成长的价值，远超旁人以为的那样。我们律师成长需要借力，而借力的途径之一是公益服务。

公益服务，简言之就是行为人自愿向社会或者他人提供无偿服务以及其他非营利服务。既然是公益，必然要求自愿、无偿、非营利三原则。企业大多积极公益服务，原因何在？当然是因为企业需要通过公益服务承担社会责任，企业投身公益背后的价值追求，包括但不限于改善社会正面形象、强化道德人格认同。

律师从事公益服务,有更多的考量。律师从事公益服务,主要有三个方面的原因。第一,获得练手机会,积累案源;第二,树立服务他人的职业形象;第三,加强与相关部门的交流沟通。

公益服务尤其是做法律援助案件,本身可以让律师获得练手机会。我曾给青年律师授课时提出,他们执业的最初几年应该每年办理30宗以上的案件,收不收费不重要,重要的是能够“练手”,这才能不断积累经验,最终熟能生巧。神枪手都是海量的子弹“喂”出来的,优秀的办案律师也是海量的案件培养出来的,“打怪升级”需要积累经验才有升级机会。你都没有案件,哪里去“手熟”?

我执业的最初几年,基本保持每年不少于30宗案件,其中固然有一部分是其他律师的“剩余案件”,但主要还是从事法律援助的案件。当时许多律师都不愿意从事法律援助案件,还有些律师做法律援助案件不是太上心,我把每宗法律援助案件都当成委托案件来办理,认认真真、扎扎实实,撰写法律意见书、与办案人员交流,我都尽职尽责。记得有法官评价我,做法律援助案件比一些委托的律师还积极认真。我说,既然庭审中发现了被告人有自首、立功等情节,甚至犯罪未遂能改为犯罪中止，无论是法律援助案件还是其他委托案件，律师都应当向法庭提出来。

法律援助案件最大的特点是，律师没有办理家属委托案件那样大的精神压力，你的各种意见只要是言之有理，法官、检察官容易接受。在法律援助案件中，法官、检察官会更认可律师是从法律自身的立场上发言。从业初期，我的一些成功案例中，法律援助案件占了相当大的比重。

办理法律援助案件，往往会接触到普通律师拿不到的疑难复杂案件，这种锻炼机会更是青年律师不可错过的。许多律师第一次接触可能判无期或死刑的案件，第一次接触群体涉恶涉黑案件，第一次接触连续开庭半个月以上的案件，第一次与知名律师同庭辩护的案件，都是法律援助案件。这种学习机会，岂能错过？

上次我的团队律师跟我说，这些年法律援助案件都成了“香饽饽”，青年律师很难拿到，甚至一些缺乏案源的中老年律师也在做法律援助案件。我说你要的是锻炼机会，你可以与他们合作办理法律援助案件，补贴你可以不要，案件你去办理就行，谁不愿意跟你合作？你要的是锻炼机会，你要的是“打怪升级”，你要的是提升业务能力，这才是千金难买的。

在许多人眼中，律师就是“得人钱财替人消灾”的

“打工人”，律师提供复杂的劳动服务，收取一定的劳动报酬，这当然不寒碜，有时容易被人误解。青年律师从事公益服务，无论是法律援助、基层普法、法治讲座都有利于避免或澄清误解，树立服务他人的行业形象。

有学校邀请我开讲座，我都乐意效劳。我还对学校说，我是湖北黄冈中学老师出身，就想重回讲台“过一把瘾”。至于一些学校说授课没有费用，我都从不关心费用。至于报纸、电台、电视台经常邀请我去参加节目，而且表示没有什么费用最多是送一张贺卡，我也毫不在意，还对他们表示感谢，你这么好的平台交给我，应该表示感谢的是我，提供高质量的法律咨询服务是我们该做的。

有些公益服务尤其是官方媒体的法律点评服务，直接塑造了我们律师的行业形象。一些市民看到只要有重大刑事法律法规颁布我都会去电台、电视台做一期节目，他们潜意识里都认为余律师是刑事案件的行家，有事找余律师那是正常的。青年律师不要以为做公益浪费了自己休息的时间，例如“午间说法”总让自己午休时间不够，你想想市司法局、市律师协会与市电台合办的这个栏目，给了青年律师多少锻炼的机会？

青年律师最充足的就是时间，需要“用时间换取经验”。我进入律师行业的最初几年，是我们律所从事公益服务最多的律师之一。法律咨询、法律讲座、法律点评、法律援助……只要你认真做下去，不仅能够锻炼你的业务能力，还能让你得到行业认可。公共资源就在那里，资深律师有天然的优势去使用这些。你要想使用这些公共资源，锻炼自己从事公益服务是你的机会。

当然，青年律师需要注意自身的形象。律师不能因为业务不精被投诉，也不能因为道德败坏被指责。律师可以有缺点，可以不完美，但要有道德底线。

青年律师从事公益服务，还能加强与有关部门的沟通交流，例如，加强与律师协会、司法局、公安局、检察院、法院等部门的工作交流。律师从事的公益服务，绝大部分都是相关部门组织协调的。例如，送法进校园，一般是教育局、司法局、共青团甚至党委宣传部；送法进监狱，一般是司法厅、监狱局、司法局；媒体普法，一般是司法局、律师协会与文广新局；帮助党政机关接待来信来访，一般有法院、检察院、公安局甚至市政府。青年律师协助这些部门提供公益服务。本身就是展示我们律师业务能力、人际交往能力的重要途径。

一些青年律师去法院值班，这是一个改善与法院关系不错的窗口。一则可以了解法官每天的工作量，二则能够更理解法官的日常工作，三则能够与法官、法官助理、书记员交流法治理念，可以为后续案件的沟通交流积累经验。人都是情感动物，你能尊重他人，往往也能换取他人对你的尊重。

律师协会安排的各种工作，我一直都建议青年律师积极参与。你对律师协会的工作有热情有参与感，你对律师协会的工作才会少一些抱怨多一些献计献策。每次律师协会换届，我都鼓励符合条件的青年律师积极报名参加选举，大量有热情、有能力、有想法的青年律师充实到律师协会的各委员会中，能够提高律师协会的服务质量，最终服务我们每一个人。

2012 年，我执业刚满 3 年，参与律师协会维权委员会的工作。正是在两届维权委员会的工作中，我有机会参与律师协会与公安局、检察院、法院与看守所的各种座谈会与交流会，积极向相关部门反映一线办案律师的需求并提出建议。看守所提供停车位，公安局接受律师意见的流转，检察院阅卷刻录光盘，法院设置律师免安检绿色通道，惠州都走在珠三角乃至全国的前列，我们都与有荣焉。

青年律师需要重视公益服务，这是帮助青年律师稳健、快捷、正向发展的机遇，不可错过，也不可辜负。能够在公益服务中体现自己的业务能力与敬业精神，这才是我们律师最需要重视的。

第十二讲｜打造“人设”

青年律师成长,在生存期的尾声,需要打造自己的人设,即形成标签性的个人特色。青年律师要想顺利熬过生存期跨入发展期,就不能仅凭自己的辛苦努力,而是让潜在客户或律师同行知道“我是谁,我能干什么”。

许多人把律师行业的发展,按照业绩分为不同的阶段。以惠州这样的二三线城市为例,年业绩低于30万元称为生存期,年业绩超过30万元不足60万元称为发展期,年业绩超过60万元不足100万元称为稳定期,年业绩超过100万元不足300万元称之为成熟期,年业绩超过300万元称为品牌期。如果是一线城市,则在这个标准上应该适当上浮,当然这些数字仅供参考。

律师能够熬过生存期进入发展期，这已经说明该律师超过了 80% 的律师，即进入了“二八原则”中“二”的群体。许多律师穷其一生都难以熬过生存期，你看看他们与那些高一年级的律师有什么差别，就知道他们需要如何选择自己的努力方向。从生存期进入发展期，真不是一名律师仅靠勤奋就能可以做到的，他们必须打造自己的“人设”，形成个人标签。

我曾去广东河源办理一个群体性案件，就有律师朋友掏出一份法律意见书，问我这位律师的业务水平如何。我看了看说，这位律师业务水平看起来还不错，只是文字有些拖沓，这种寻衅滋事的案件只需要五六页字就行，你把问题交代清楚就好，废话多、重点不突出会影响读者观感。朋友对我说，这位律师已经过了天命之年，但业绩很一般，你能不能帮他？我问他这位律师执业了多少年，他说已经执业了 20 多年。

我叹口气说，如果这位律师不满 30 岁，或者执业不满 3 年，我都可以考虑跟他谈谈。如果他已经 50 多岁了，而且执业 20 多年了，这资历远在我之上，我如何有信心帮得到他？一个人如果做律师 10 年以上还不能熬过生存期，那么他这辈子能够突飞猛进发展起来极为罕见。刘律师问我，那你觉得他为何没能顺利熬过生存期。我说关键是他执业最初 3 年，没有考虑过如何打造“人设”，这就“泯然众人矣”。

青年律师打造自己的“人设”，其实就是显示自己的特色，这样才能让潜在的客户或者律师同行能够准确知道你。无论哪个行业，最怕的就是沦为“沉默的大多数”。你要脱颖而出，就需要考虑你在一群青年律师中，有哪些与众不同。

唐朝名将薛仁贵在贞观十九年（645 年）参加辽东之役时，为了在战场上引起御驾亲征的唐太宗李世民注意，竟然身着白袍冲锋陷阵。薛仁贵此举其实也是拿生命冒险，身着白袍骁勇善战固然能引起唐太宗注意，但一不小心也很容易命丧敌军的群殴之下，毕竟显眼的目标对交战双方都太明显。薛仁贵“赌一把”成功了，战后唐太宗特意召见当时只是普通士卒的薛仁贵，赐他马 2 匹、绢 40 匹及俘虏 10 人为奴，升其为游击将军、云泉府果毅。薛仁贵如果武艺不精，那就很容易适得其反。

律师可以在外表上打造容易被识别的“人设”，例如，我早年也用立领西装体现自己的与众不同。黑色立领西装配上我的微瘦、高个子，站在一群西装领带的律师同行之间，也很抢眼。不过，你必须拿出你的真才实学，儒雅的装饰背后必须有渊博的知识、丰富的阅历、深入浅出的解读能力来支撑。

记得2012年前后，我与韩宁、邹朝贵、章利兵、王永平、李梦天等律师常去媒体做节目，江勇龙记者就说，你们几位律师应该有分工，给受众一个专业印象。后来我们做了分工，韩宁是房地产律师，邹朝贵是公司法律师，章利兵是劳动法律师，李梦天是婚姻家事律师。虽然我与王永平都是刑事辩护律师，但我倾向于无罪辩护，他倾向于"刑民交叉"辩护。许多律师实际上并非只做某一种案件，但术业有专攻，无论是律师同行还是客户群体，都认可我们在这些方面的技术素养。

青年律师的专业"人设"，一开始还达不到专业化建设的程度，但当一名律师用某一专业特色出现在公众面前时，旁人对他的心理期待与他自己的努力方向，都会向这个专业领域迈进。你想成为谁，你愿意做谁，你最终就可能成为谁。

英裔加拿大作家马尔科姆·格拉德威尔在《异类》一书中指出，"人们眼中的天才之所以卓越非凡，并非天资超人一等，而是付出了持续不断的努力。1万小时的锤炼是任何人从平凡变成世界级大师的必要条件"，这就是影响全球的"一万小时理论"。有些执业多年的律师，之所以20多年依旧很艰难，一直在生存线上挣扎，就是因为他们没有在某个细分领域实践"一万小时理论"。如果在20年前他们就把主要精力用在他们喜欢的某个领域例如刑事辩护领域，按照“一万小时理论”只需要 5 年时间，那么他完全可以通过“4 万小时”的专业努力在圈子里脱颖而出。

我们律师切忌从不考虑打造自己的“人设”，从没想过在自己最擅长最喜欢的领域凸显自己的专业价值，这如何主动赢得客户的信赖？“在没有航变的河流上”，很容易丧失努力方向。如果我们难以集中精力有目的、有步骤、有选择的重点突破，那么不要说 20 多年的努力劳而无功，就是继续努力 20 年，又能如何避免自己的碌碌无为？

先选定自己的人设，然后向这个设立好的人设去努力，每天努力 8 小时，每周努力 5 天，坚持 5 年甚至 10 年，持续不断努力之下，必然有所成。我们身边那些功成名就的律师，你会发现他们有个共同点，那就是“目标始终如一”，愿意为了这个目标持续不断地努力。

我在刚开始做律师时，深知自己在科班出身的同行面前毫无优势，于是我干脆为自己打造“书生律师”的“人设”。从 2007 年开设“一梭烟雨”新浪博客以来，我坚持平均每天写一篇文章，这一坚持竟然迄今近 17 年。刚开始写文章时，我还不知道自己能坚持多久，但写文章 1 个月、6 个月、1 年、3 年、6 年……，我作为“书生律师”，得到了同行和客户的认可。有了“无罪辩护律师”“书生律师”的“人设”加持，我更容易被潜在客户发现，甚至借助律师协会平台参加讲座或与谈，组织方都很清楚我分享内容的大致方向。

从执业进入发展期，一般的律师需要耗时 3 年，“不一般”的律师可能只要 2 年甚至 1 年时间，但“太一般”的律师也许这辈子都很难完成“结构升级”。个人努力、贵人相助、机遇到来，这是青年律师塑造个人形象的共同推力，所谓“一个好汉三个帮，一个篱笆三个桩”。

有人会问，律师个人可以打造“人设”，让别人知道自己的特色。那么团队律师能不能打造“人设”呢？其实团队律师也需要“人设”，只是需要与所在团队保持内部的契合性。

综合型团队，往往会有几个专业方向，例如团队负责人拉来的案源，会按照专业特色分配到相应的团队成员身上，张三牵头负责刑事辩护，李四牵头负责劳动服务，王五牵头负责婚姻家事，赵六牵头负责公司业务。这些专业小组在业务上可以相互独立，接受同一个团队负责人的领导。团队的规模有多大，取决于团队负责人的案源数量有多少。团队内部的案件，会在团队负责人的安排下，在团队内部达成合作。

专业型团队，一般指从事某一专业方向，其他类型的案件，团队负责人会交给相关专业团队办理。此举一则密切与其他专业团队的关系，这些团队可能分属于同一城市的不同律师事务所甚至不同城市的律师事务所；二则可以保证“专业的事交给专业的人”，毕竟如果其他类型的案件在团队内部消化专业性往往较弱，服务质量可能有所欠缺。

以上两种律师团队，都会有内部业务分工与智能分工，这其实就是一家律师事务所的微观体现，一些强大的律师团队可能是中等律师事务所规模。既然是律师团队，尤其是成熟的律师团队，会在业务上分为案源律师、出庭律师、文案律师等，也会在职能上分为主办律师、承办律师、协办律师等，团队负责人主要承担案源任务，也可能承担重大疑难案件的技术把关任务。

律师团队的负责人根据团队成员的特点，会赋予其专项的“人设”，然后集中整个团队的资源去打造这个“人设”。有律师团队的支持，团队中的律师往往比个体律师有更丰富的资源去打造自己的“人设”，而且这些“人设”能契合法律服务市场的需求。

有些“人设”，只存在于律师团队，如授课律师、文宣律师。有的律师团队把刑事律师拆分为会见律师、阅卷律师、辩护律师；有的律师团队把阅卷律师拆分出摘录律师、质证律师，甚至有的律师只负责鉴定意见质证，有的律师只负责电子证据质证，还有的律师只负责言词证据质证。在这些细分领域努力一两年，可能比“全频道”律师努力五六年更有专业价值。

在我的律师团队，小周律师5年来承担着文案律师的职责，所有的无罪案例、改判案例、改变罪名轻判案例，法律文书都是出自她之手。在与同行交流或与家属沟通时，小周律师的“人设”就是文书制作人，这也让她在刑事辩护的律师圈子里，很快展示自己的特长。惠州执业律师2500多人，办过刑事案件的青年律师不会少于1500人，小周律师能够受到关注，很大程度上也是因为她在文案服务中展示出的个人特色与实力。

青年律师需要结合自己的发展方向找到适合自己的“人设”，这个“人设”可能源自专业技能，也可能源自职能特点，并形成自己的“职业主义”与“长期主义”。只有把某项工作真正作为职业，并长期坚持下来，才能为此后的纵深发展奠定基础。

青年律师应该是滚雪球式发展的，你要找到雪地，并找准方向，然后不停地滚下去，这才能积水成渊、积土成山。打造好自己的“人设”，你会发现原来“打怪升级”不难，正所谓“日知其所亡，月无忘其所能”。

第三编

发　展　期

Development Period

成功案例是一名律师业务能力的集中体现。整理经典成功案例是青年律师进入发展期后需要坚持做的事,很简单、也很关键。

第十三讲 | 参加学习

青年律师成长，从生存期进入发展期，就有必要参加学习。我不太赞同执业不满 3 年的青年律师尤其是还在生存期挣扎的青年律师参加学习活动，那时他们的主要任务是生存。青年律师学习他人如何办案、如何拓展案源固然重要，但也需要有一定的基础，才能学以致用。

青年律师参加学习，借助他人的成功经验，为我所用，需要有针对性、目的性、帮助性。漫无目的地参加学习，或者缺乏一定的知识基础与技术储备地学习，很容易被“带偏”。

记得早年刚进入黄冈中学任教时，我想去听一些高级教师与特级教师授课，学习他们的授课方式，结果被曾献智老师劝阻。曾老师说，你刚来就去听知名教师授课，会“带偏”你的教学，他们的许多方法你还用不上，只有等你有了一定的授课经验，例如你已经有了1年以上的教学经验，这时才能理解那些名师为什么这样授课、他们的方法如何能够变成你的授课技巧。我当时还不以为然，后来终于领悟到缺乏教学基础贸然学习名师，很容易邯郸学步。戴军老师也提醒我，你最大的优势是知识渊博、言语风趣，你扩大学生知识面把考点穿插进来就是很好的教学方法。成学江老师更是认为，你没有必要学习其他老师的方法，你可以“形散而神不散”组织教学，自成一派。

这些事对我的影响很大，我知道参加学习很有必要，但需要一定的基础。后来我出来做律师，也是熬过生存期后才开始大量参加学习，毕竟我们能听懂他人的经验从而为己所用，前提是我们不能是一张白纸。2011年，我顺利进入发展期，才开始广泛参加学习，因为此时，我才能结合自己的经验去领会任何主讲人的观点，去悟道。如果自身基础薄的，很容易“跟着走”，会不会走偏则取决于主讲人的经验是否适合自己。

青年律师参加学习，首先要结合自己的特点。参加学习前，我们律师要思考一个问题，这堂课或者这次培训，究竟是讲什么的。经常跟客户打交道的律师，当然有必要学习商务礼仪、沟通心理，这是律师尤其是进入发展期以后的律师需要具备的素养。但如果你是文案律师，根本不需要与客户打交道，只需要跟出庭律师、卷宗、电脑打交道。此时商务礼仪、沟通心理，你学或者不学，没有太大差异，你反而要重点学习法律文书写作、网络资料检索、PPT 制作这些技能。

青年律师参加学习，需要清楚自己想要学习什么知识，他人哪方面的经验对自己有帮助。如果你是“个体户”律师，想要拓展案源，此时也可以去听那些案源拓展的课程，参考其他律师的成功经验。即使是学习他人案源拓展的方法，也要针对自身的特长。最近不少律师谈网络营销，建议多写网络营销文章或者制作短视频。这话当然不错，但其中暗含了两个必要条件，一个是你要有一些成功案例支撑，另一个是你的文笔或者口才能够深入浅出把自己推荐给潜在的客户。

如果你既没有多少成功案例，也没有超过普通人的文才或者口才，即使你有大量的“输出”，也很难吸引受众的注意力。这也是我不主张生存期的青年律师做网络营销的原因所在，如果你没有一定的成功案例积累，你就是妙笔生花，也很难让受众信赖。请律师的人都是聪明人，“不看广告看疗效”，你不拿出真功夫，谁相信你能帮到他们？如何才有真功夫？当然是你有一定的技术沉淀,才能事实胜过雄辩。王思鲁律师早年提出案例为王,这也说明再好的口才、文才只有与实打实的案例相结合,才具有说服力。

我不是科班出身的律师,2011 年来我参加的各种学习,集中在办案技术方面。我很挑剔,我关心的是一线办案律师,尤其是能晒出近两年成功案例的律师。他们的办案经验,才是我们所需要的。这些主讲人的实操技能,才是我们普通律师可以学习的。

正是认为辩护技术可以学习,我才主动走出一条技术路线,而不是想着跟办案机关如何密切关系。正如张雪峰所言,文科没有专业壁垒,只要你认真。许多跨专业出来做律师而且做得很不错的律师,证实了张雪峰这句话。那些非科班出来做律师的成功人士,都是我的好榜样。那些在非一线城市走上专业化道路的律师,都是我的关注对象。

青年律师参加学习,要有明确的目的性,你要清楚来参加学习所为何事。有的人参加学习,是为了认识更多的学员,朋友遍天下;有的人参加学习,是为了通过参加各种活动提高自己的影响力;有的人参加学习,是为了借鉴专家如何办案如何说服他人;有的人参加学习,是为了私下专家交流如何在自己的议价能力又上一个台阶;也有的人参加学习,是想模仿主讲专家的营销模式。

只要是基于明确的目的参加学习，只要你能学到相应的知识，都应该被肯定。这些年一些大学牵头组织的培训班，邀请知名教授、法官、检察官、律师参与授课，这对许多青年律师很有意义。许多知名教授、法官、检察官、律师，平常我们只能在线上看到或听到他们的分享，有机会在线下听他们授课，甚至参加课堂互动，这对绝大多数的青年律师来说是宝贵的机会。

我从 2011 年开始参加学习，广州、深圳的各种律师论坛、法律讲座特别多，只要你愿意，每个月都有机会参加学习，而且基本都是一线的知名律师讲授他们的办案心得，分享他们的成功案例。当然，参加学习的意外收获，就是认识更多的业界大咖，与他们从线上互动到线下沟通，从网友到好友，也成就了我最初的“小步快跑”。

2015 年以前，我主要在听讲学习，2015 年以来我则开始从知识输入转向知识输出。我偏好命题作文，主办方要求我与谈或主讲的内容，也是催促我认真学习，不然在讲台上被人问住了咋办啊？大家都是从学生过来的，我们知道“学然后知不足，教然后知困。知不足，然后能自反也；知困，然后能自强也”，这是个相互促进的过程。

青年律师参加学习，要对自己有相应的帮助性，这次学习对你才有价值。现在的学习尤其是大学组织的培训，动辄几千元的消费，大家千里迢迢从全国各地赶往北京、上海、西安、成都、昆明等地，总要有所收获才行吧？不然，你浪费时间、精力与财富，难道就为了朋友圈“打卡”？

一些律师对参加学习有不同意见，认为律师培训只是律师营销的高级模式，甚至还认为没有知名律师是通过参加学习成长起来的。这些律师的意见，也代表他们的社会经历与认识，说明他们要么没有参加学习，缺乏体验，要么参加了学习但没有给他们带来想要的业绩与技能提升，要么他们遇到了喜欢营销能力远超于办案能力的讲师。

这些律师的意见，可以供大家参考，那就是能给你带来帮助的学习，就是有意义的学习；反之，不能给你带来帮助的学习，就是无价值的学习。因此，我们律师参加学习，需要考察几个问题——谁来讲课？讲的内容是什么？对我有什么帮助？那些一线办案法官、检察官与律师的讲座，他们讲你感兴趣的内容，而不是泛泛而谈，我觉得可以听。

我参加学习，当时是带着三个目的去的。一则，我在惠州这样的二三线城市，想见识一下全国知名律师的办案模式,看看他们的理念与我的经验结合能否构建新的办案模式;二则,我在惠州经过几年的积累,自认为业务能力已经进入本地的第一梯队,我需要寻找新的发展目标,寻找与国内一流律师之间的差距,给自己上升的空间;三则,我需要利用外出学习的机会,结识国内爱学习的律师同行,我们可以成为朋友。

2015 年,在中国人民大学律师学院暑期班参加的刑事辩护学习对我帮助最大,我带着以上三个目的去北京,与惠州的十几位律师一起满载而归。我把自己的时间分为三部分,1/3 的时间用来认真学习,1/3 的时间用来与培训班的同学交往,1/3 的时间用来与北京的同学、校友、网友交流。那时,许多人不知道余安平律师是谁,但不少人都读过"一梭烟雨"的文章,尤其是我撰写的历史评论、时政评论。正是这次北京之行,让我看到了自己与国内知名律师之间的差距,这也为我后来努力向前提供了方向。

通过这次学习,我加入大量的律师群,被邀请参加各种网络分享,从与谈嘉宾到主讲嘉宾,我的文章与课程得到广泛的传播。几年后遇到疫情,许多律师的案件锐减,我却不受影响,因为几乎每个城市都有我的朋友或者粉丝,他们告诉我该地的疫情政策与会见要求,甚至负责接待乃至带我到医院做核酸检测。正是通过参与学习,让更多的外地律师知道了我,知道我擅长什么,陆陆续续推荐案件给我,尤其是我偏爱的诈骗犯罪案件与无罪辩护刚性需求案件。如果没有 2015 年到北京学习的机会,我后来的发展或许会缓慢很多,也会困难很多。

只要你愿意参加学习,只要你有一个擅长思考的大脑,你总能从旁人身上尤其是那些成功者身上,发现他们从平凡到优秀的发展模式,这也是我们可以借鉴的。学习可能不一定给你带来立竿见影的帮助,但学习可以帮你打开一扇门,一扇面向全国知名律师成长之路的门。非一线城市的律师,特别是中小城市的律师,在你觉得自己在本地已经成绩斐然时,很值得出去走走,专程学习也好,游学也罢,见识外面的精彩世界。

青年律师成长,参加学习是关键。随着网络的发达,我们随时随地可以学习他人的长处,只要主讲人是一线办案律师,他们的分享都值得去听听。有人会说自己没有时间,其实时间都是挤出来的。鲁迅可以利用别人喝咖啡的时间学习,我们也可以利用别人娱乐的时间来学习,还可以边运动边听讲。“知识就是力量”,学习是获取知识的好方式。律师是一个终身学习的职业,你可以每天抽出时间学习,每天有所进步,这就是收获。大学组织的培训，不一定要太频繁地参加，但也不能从不参加，大学的环境能够帮助我们找回青春年华的学习热情，何乐而不为？

第十四讲 | 整理案例

青年律师成长进入发展期，不仅要参加学习，还要整理案例。律师是一个实操行业，能够让潜在客户青睐你，能够让律师同行认可你，能够让办案人员尊重你，最根本的就是你的业务能力，而一名律师业务能力的集中体现，就是他们的成功案例。因此，整理经典成功案例是青年律师进入发展期后需要坚持做的事，很简单、也很关键。

整理案例，简言之就是一名律师把自己办理的经典案例，按照一定的规则制作成较为完整的案件说明与解析。律师整理案例，不仅要清楚案件是什么，还要清楚案件为什么这样办理，甚至要清楚办理这类案件的一般原理与方法，做一位办理案件的“明白人”。

如果说青年律师在生存期的主要任务是埋头办

案，只要有“练手”机会，只要有一定的收入，各种案件无论大小、不管好坏都要去做，这个时期他要“求量”，那么在发展期他们的主要任务就应该是抬起头来四处瞭望，需要整理出一系列成功案例，需要告诉别人“我能”，这个时期他要“求名”。既然只有 80% 的律师都在生存期挣扎，那么能进入发展期的律师，都是佼佼者，这就需要与 80% 的普通律师有所区别。

整理案例说起来很容易，但有一个逻辑前提，就是你有一定数量的案例可供整理。按照每年办理 30 个案件坚持 3 年来计算，一名律师进入发展期，基本积累了 90 个到 100 个案例。

案例分为成功案例与失败案例，前者是给潜在客户与律师同行看的，后者是给自己或者自己的团队看的。成功案例展示的是自己的业务能力，总结出有效说服办案机关的经验与办法。失败案例归纳的是自己的不足，总结出需要改进的地方，不断修正错误，逐步完善技能。

青年律师整理案例，需要知道自己整理给谁看。成功案例是给当事人看的，失败案例是给自己看的，可以有所侧重，但必须真实可靠，这才能让案例发挥相应的作用，否则就很容易沦为“做秀”，甚至自欺欺人。你有一堆案例，却不知道为什么某个案件实现了辩护效果,为什么某个案件的辩护意见不被采纳,浑浑噩噩有何意义?

律师整理案例,以刑事案件为例,一般可以分为7个部分,即案情简介、案件重点、控方意见、辩方意见、法院裁决、案件思考、参考文件。那些没有进入法院就无罪释放的案件,可以适当减少一些内容。对我们律师来说,应该重视案件的总结反思,作为下一宗案件的经验指引。

案情简介,可以结合侦查机关的起诉意见书与检察机关的起诉书制作,尤其是要与律师阅卷查明的证据相佐证,特别注意检察机关没有注意的无罪或轻罪证据。案情简介尽量用自己归纳的语言,非必要不用大段复制卷宗内容。

案件重点,则是根据案情简介作出分析,该案罪与非罪、罪轻与罪重、本罪与它罪能否认定,这也是律师辩护的切入点。案件重点的归纳与律师办案过程中的法律意见书一脉相承,找准案件重点才能有的放矢。

控方意见,可以直接复制起诉书中检察院的观点,这是律师辩护的"主攻"目标。控方意见有没有入罪证据、证据是否确实充分,这是检察机关提起公诉或支持公诉的着力点。起诉意见书、起诉书可以作为附件放在案例后面,这也是为了保证案例的完整性。

辩方意见，可以直接摘录律师辩护词的关键内容。律师的辩护词、补充辩护词可以作为附件放在案例后面，这也是督促律师一定要制作辩护词或补充辩护词的原因，良好的习惯是成功的一半。

法院裁决，需要列举法院为什么支持或者不支持律师意见，让读者清楚法院为什么这么裁决，或者让读者看到律师辩护效果不明显“非战之罪”。法院的判决书或裁定书，可以作为附件放在案例后面，以便读者清楚案件的最终辩护效果。

案件思考，这是律师整理的精华部分，谈谈案件的得失，成功案例重点谈经验，失败案例主要谈教训。案件思考不要求太长，一般 2000 字左右，而且需要真情实感，切忌应付了事。案件思考，是为了帮助自己提高业务能力，知道自己的不足，知道自己的亮点，取长补短才有收获。

参考文件，需要把相关的法律法规、司法解释、座谈会议纪要、参考裁判文书、专家意见完整列举，这也是通过案件整理全面熟悉一遍相关法律文件与学者观点的有效方式。参考文件要尽量丰富，每次收集都应该尽量完备，参考文件是办案机关作出裁决的根本依据，也是律师对案件办理效果进行反思的依据。

当然，律师的案例，还需要封面、目的、封底。案例封面上要写清楚案件名称、当事人、承办人、办理效果、是否归档。案例封底上可以写清楚承办人的简介，如果是律师团队的案件则可以加上律师团队的简介。一份完整的案例，就成为律师展示业务能力的勋章，或者是提醒自己修正错误的苦胆。只会办案不会整理案例，这样的青年律师很容易“事倍功半”，难以帮助自己更好更快成长。

我整理的第一宗成功案例，是2009年在江西萍乡办理的王某交通肇事致人死亡案。当时我还是实习律师，魏展谦律师让我单独去萍乡出差。我说没有坐票，他说你自己想办法；我说实习律师不能单独会见，他也说你自己想办法；我说检察官如果不接受我的意见怎么办，他说受害人家属已经和解并谅解了，你拿着受害人家属的授权书过去就行。我心想，尽管我自信与人沟通能力没问题，但这就要与犯罪嫌疑人见面、与检察官见面了吗？

记得那次我是站票从惠州去樟树，下车走了几里地再转车去萍乡，在餐厅过夜，家属在火车站出口等我。然后我在看守所门口找到一位当地律师，给了他几百块钱让他带我去会见犯罪嫌疑人，也是因为当时会见没那么严格，我见到了犯罪嫌疑人王某。与他交代清楚，拿到他的签名后，我直奔高速交警支队，跟办案交警谈到这是一起恶性不大的案件，双方谅解了，可以不作为刑事案件处理。交警说已经交给检察院了，于是我直奔检察院，见到办案检察官，跟他谈到刑事和解，建议不批捕。检察官对我提出的刑事和解制度也接受了，接着我带着家属去交保证金，办理取保候审。

这个案件形成经典案例后，我同事说，小余律师啊，你一个实习律师就能走南闯北，这也太不容易了吧。而且你还能寻找当地律师陪同你去看守所会见，向办案机关争取刑事和解，确实适合做律师。3 年后我国《刑事诉讼法》修改，引入了刑事和解制度。看来，我建议办案机关在法律不禁止的范围内作出对当事人有利的裁决是有道理的。后来想想，正是许多律师的大胆尝试与负责任的法官、检察官支持律师意见，才有法治环境的改善，甚至司法实践中的一些成功的做法被法律、司法解释吸纳。

我在整理该案件时，发现律师“借力”的重要性，而且一位又聪明又“懒惰”的指导律师，才是我们成长的良好支持者。如果没有魏律师催促我独立成长，如果不是遇到困难时，魏律师总要我自己想办法，我可能错过很多成长和发展机会。正是那次萍乡之旅，我在案件整理过程中发现原来刑事和解确实能有效说服办案机关，因为办案机关会考虑案件有没有“首尾”，这也帮助我逐渐走上了一条注重与办案机关沟通交流的合作式辩护之路。我意识到律师的职责是维护当事人的合法权益，但这种维护目的需要通过辅助办案机关有效查明事实、正确适用法律来完成。律师与办案机关之间，更多的是一种分工协作关系，双方最终的共同目的，都是为了公平公正办理每一宗案件，推动法治社会的进步。

成功案例的完整版，可以自己放在办公室交给自己或者团队律师激发斗志、汲取经验。成功案例的简易版，则可以写成几千字的小论文，这些小论文可以制作成经典案例集，例如装帧成册放在律师事务所的会客室或者律师的办公室，吸引前来咨询或者洽谈案件的客户。当客户对某宗案件的办理存在疑问、对是否委托律师犹豫不决时，你做再多的理论解释，都不如拿出一本经典案例集，指着案例标题告诉他类似的案件自己早就遇到过，而且取得了不错的辩护效果。

律师的成功案例，还可以放在网络营销号上，例如写成微信公众号文章、今日头条文章、知乎文章，或者做成小视频。这些材料都会在大数据检索中被推送给需要的受众，这也是律师从线下到线上，从本地转向外地的重要助力。你有成功案例在手，也就有底气与外地的律师平等交流，在成功案例面前“众生平等”，辩护效果是律师最好的个人名片。

律师事务所的微信公众号、律师协会的微信公众号，都不能小觑，毕竟这都是重要资源，能够让更多的陌生人对你有合理信赖。许多客户找律师，或者律师找合作伙伴，都喜欢通过网络搜索，此时你有他们感兴趣的成功案例，当然很容易得到他们的关注，这些案例胜过你自我介绍的千言万语。

律师也要注意失败案例，如果说成功案例是向外人证明自己，那么失败案例则是让自己警醒，需要继续努力。你的法律意见为什么没能说服办案机关？你的辩护意见法官为什么不予采纳？你与法官沟通多次为什么他未听取你自认为有理有据的观点？你明明找准了案件的切入点，为什么你的努力竟然是无用功？这些都是青年律师需要结合失败案例认真思考的。

律师能够从自己的失败案例中找出原因，能够从这些失败案例中看清楚自己的不足之处，从而对自己有清醒的认识，这才是失败案例最大的功效。可怕的是不能做到“知己知彼”，更可怕的是不愿意承认自己是普通人，存在需要克服的缺点，最可怕的是认为自己完美无缺，某一项办案技巧能够碾压一切。

失败案例的完整版可以放入自己的书柜，拿出来时时提醒自己，尤其是感觉自己“飘了”，更要看看自己的失败案例。律师失败案例的简易版可以放在案头，有空时一边喝茶一边翻阅这些“败仗”，让自己清楚每次失败是因为自己哪方面的不足、这些不足能不能弥补。如果是案件之外的原因导致败诉，就需要清醒认识到律师的能力是有限的，律师的任何意见必须通过司法裁判才能发挥作用，或者说律师的职责更多的是在法庭上发表辩护意见以维护当事人的合法权益，律师对裁判结果没有最终决定权。

第十五讲 | 网络宣传

青年律师成长，发展期需要展示自己，须知“酒香也怕巷子深”青年律师往往更熟悉网络技术，因此需要借助网络宣传，实现“弯道超车”。

网络宣传，是指一种借助网络技术宣传推广的方式。网络宣传需要满足三个条件：第一，宣传者能借助网络技术知识输出；第二，宣传对象有接受宣传内容的技术条件；第三，宣传者有吸引受众的宣传内容。网络宣传的载体是互联网，随着互联网全面普及，尤其是智能手机的全面推广，网络宣传所需要解决的第一个问题与第二个问题早就不再是问题，宣传者是否有吸引受众的宣传内容成为唯一的问题。网络宣传的成功与否，在于宣传内容质量如何。网络只是载体，搭载的知识内容才是输送给受众的“礼物”。

2024 年 3 月 22 日，中国互联网络信息中心（CNNIC）在北京发布第 53 次《中国互联网络发展状况统计报告》，报告显示，截至 2023 年 12 月，中国网民规模达 10.92 亿人，较 2022 年 12 月新增网民 2480 万人，互联网普及率达 77.5%。2024 年 3 月 27 日，《中国网络视听发展研究报告（2024）》在成都发布，报告显示，截至 2023 年 12 月，中国网络视听用户规模达 10.74 亿人，网民使用率 98.3%，网络视听“第一大互联网应用”地位愈加稳固。

根据第 54 次《中国互联网络发展状况统计报告》，截至 2024 年 6 月，我国网民规模近 11 亿人（10.9967 亿人），较 2023 年 12 月增长 742 万人，互联网普及率达 78.0%。我国的互联网普及率处于中等发达国家水平，还有较大的上升空间。

青年律师基本受过良好的现代教育，使用互联网技术不存在障碍，青年律师从事网络宣传可以大展身手。随着我国经济的发展，互联网普及率必然逐步达到发达国家水准，网络宣传也就处于更加重要的地位。从 2004 年到 2024 年，中国有大量的青年律师，恰恰是这些青年律师掌握着现代网络技术，他们不缺乏网络媒体的使用能力，只要他们能够把自己的“知识输出”及时有效地送达给潜在的客户。

2024年5月11日，近20个省（自治区、直辖市）的一线刑事辩护律师在西安参加第四期“疑难复杂案件辩护”非法证据排除研讨会时，有律师前辈认为，不建议非合伙人律师尤其是执业不满3年的青年律师从事网络宣传，因为青年律师缺乏成功案例、缺乏对法律服务的深层次理解，在网上的宣传工作很容易沦为“空架子”，不仅难以吸引潜在的客户，还会暴露专业知识的不足，往往起到“反效果”。我对这个观点比较认同，律师网络宣传需要真材实料。普通网民“看热闹”可以对你花样百出的宣传形式很感兴趣，但你的律师同行却要“看门道”关心你的专业素养究竟如何，而潜在客户则对你的网络宣传资料能否体现你的法律服务能力更有兴趣。客户越来越精明，他们需要找的是能干活的律师，你的宣传必须植入你的成功案例，才有宣传价值。

我之所以在青年律师的发展期才提出网络宣传问题，也是因为青年律师只有跨过了生存期进入发展期，只有完成了参加学习、案件整理等发展工作，才具备通过网络宣传展示自身业务能力的条件。律师有效的网络宣传，当然是律师通过展示自己的法律服务能力，让客户眼前一亮——这就是我想要的律师，这位律师有能力有经验帮到我，客户才愿意主动找上门来委托你办案。

青年律师如何进行网络宣传呢？“工欲善其事，必先利其器”，我们律师首先要有宣传的“利器”。青年律师对于现代网络技术，不一定要都懂，但也不能都不懂，例如，需要熟练掌握和运用网络自媒体，特别是微信公众号、百度、今日头条、微博、知乎、抖音等，你需要注册至少一种账户，当然也尽量避免太多账户，避免热度分散。

由于微博限制字数难以完整表达我的法律思维，我在 2007 年开始用博客写作。2014 年前后，我开始微信公众号写作，此时我发现好的文章能够在朋友圈迅速传播。2019 年，我开始在今日头条上写作，我发现谈历史能吸引关注，当然此时只是闲来之作。2019 年，我还是认为微信公众号更好用，尤其是它方便与好友互动，许多潜在客户都是被我的微信公众号文章吸引，转而找我合作。

青年律师选择一个适合自己的自媒体号，然后努力经营，尤其是持续更新，坚持长期主义，1 年、3 年、5 年下来，必然在网络上有固定的粉丝群，而这些粉丝群就是我们稳定的案源基础。我从 2016 前后开始逐步成为“挂在惠州的全国律师”，就是因为网络宣传给我带来了全国的客户与案源，我发现自己在哪里执业已经不重要,能不能通过持续分享成功案例做好知识输出才重要。

青年律师进行网络宣传,要结合自身特点形成自己的“主打产品”。你口才很好,那就可以播音;你口才很好,相貌也不错,那就可以开视频;你文笔不错,那就可以撰文。你如果都很不错,那就选一个最喜欢的。如果你很忙,或者认为自己的网络技术不是很好,那就可以联系专门的服务商经营,或者招募一个技术助理,你只负责提供知识内容甚至只负责提出构想,让他们来二次制作并进行网络发布。进入发展期的青年律师,借助这些付费服务将“好钢用在刀刃上”,那也是很值得的。

有些知名律师每天发布视频,你想想他们哪来那么多的时间精力?他们许多人都是一线办案律师,显然必须借助外援。“专业的事交给专业的人”,这些律师只需要提供素材,参与录播,剩下的都可以交给专业人士,播放视频宣传的同时,也不耽误外出办案。越是网络宣传受益良多的律师,越需要专业的外援服务。

青年律师从事网络宣传,还要注意受众偏好。如果是一般性普法,就是为了吸引人气,那么你的视频或者文章都不宜过长,尤其是要让受众能在碎片化的时间欣赏。我写的文章基本不超过2000字，就是因为一位粉丝告诉我说，她与同学总是利用课间10分钟读我的文章，希望不要太长，这也让我逐渐控制字数，我的文章非必要都是1000多字。

如果是针对性网络输出，例如你想吸引那些诈骗案件、毒品案件、传销案件的家属过来找你，你就需要一次至少讲一个案例，而且要讲完整。此时，无论是写文章还是做视频，都应该让受众清楚这个案件是怎么回事、你发现了哪些辩点、你如何说服办案机关、案件最终如何裁决等问题。许多受众是急性子，想知道案件结果，此时你可以设置悬念后，及时告知辩护效果，受众才有兴趣继续“追剧”。我们律师需要懂一些心理学知识，这也有利于吸引更多的潜在客户。

青年律师的网络宣传，还要注意内容搭配。我们可以输出一些通俗易懂的文章或者视频，这是让律师的网络自媒体“涨粉”的主要形式。但这些普通的内容输出，只能产生人气，难以吸引潜在客户，此时，就要有一些精准面向特殊受众的宣传内容，例如，保持着1/5到1/10的高质量宣传内容。这些宣传内容，可以供专业人士阅读，如向专业机构投稿的征文，毕竟我们律师的知识输出，目的不仅在于普法，而且在于吸引潜在客户关注我们的法律服务能力。

一些律师总是提供“高质量”的知识输出，行不行？当然不可行。每天都是“高质量”知识产出，对于任何律师尤其是青年律师，都是难以为继的。律师有一定数量的优质知识产品，加上“短平快”的普通知识产品，相互搭配就好。

青年律师的网络宣传，要注意“三性”，即专业性、针对性、可读性，这也是根据我早年提出“辩护词的三性”修改而成。

青年律师网络输出产品需要专业性，从而区别于非律师，甚至区别于非专业律师。一名刑事辩护律师，需要注意知识产品的“垂直分布”，即他的自媒体产品60%以上应该是刑事文章，从而避免喧宾夺主，或者偏离主题。一名刑事辩护律师偶尔谈论其他案件没问题，可以适当作调剂，但切忌重点不突出，从而让受众误解。

青年律师网络输出需要有针对性，即网络产品是针对哪些受众。不知道谁是我们的宣传的对象，不知道我们宣传对象的偏好，不知道我们宣传对象需要什么样的知识输出，很容易做无用功。律师应该是一个理性的职业，知己知彼才能“对症下药”。

青年律师网络输出需要有可读性，即让你的宣传对象愿意阅读和思考你的观点。有一位律师对我说，他的知识水平比我高,写的文章质量比我的好,每天也很勤奋认真,但为什么余律师的文章能吸引客户他却不行呢?我说很简单,就是因为你的文章知识性压倒了可读性,导致文章只能被极少数读者看懂,这岂不让你丧失了绝大部分读者尤其是潜在的客户读者?你不是写论文,你的文章不是写给教授看的,你写得再深刻有何价值?你需要考虑到,你的潜在客户基本不是法律专业人士,你的潜在客户需要的是你的文章如同白居易的诗歌,童叟皆懂。

青年律师的网络宣传,需要充分考虑受众的心态与偏好,尤其是潜在客户的心态与偏好。才能让自己的知识输出有价值。当然,你也需要有自己的创作爱好,这才能让自己的知识输出有声有色,而不是过于公事公办、缺少生活气息。

第十六讲 | 借力律协

青年律师成长,需要懂得借力,尤其是借助律师协会。律师协会即律协,不仅是律师监督机构,也是律师的成长平台。无论是担任律师协会的专业委员会委员还是工作委员会委员,擅长获取律师协会资源的律师往往都发展更好。

普通律师尤其是刚刚进入发展期的青年律师,需要律师协会的支持,毕竟律师协会的平台属于半官方性质,享有较强的公信力,而且能够为青年律师指引发展道路。有律师协会帮青年律师背书,这是强大的律师事务所无法媲美的。

《律师法》第 43 条第 1 款规定,“律师协会是社会团体法人,是律师的自律性组织”;该法第 45 条第 1 款规定,“律师、律师事务所应当加入所在地的地方律师协会。加入地方律师协会的律师、律师事务所,同时是全国律师协会的会员。”这说明律师协会是行业自律组织,律师有加入律师协会的义务。既然律师必须加入律师协会,那么为什么不用好律师协会这个平台呢?

《律师法》第46条规定了律师协会的主要职责,包括保障律师依法执业,维护律师的合法权益;总结、交流律师工作经验;制定行业规范和惩戒规则;组织律师业务培训和职业道德、执业纪律教育,对律师的执业活动进行考核;受理对律师的投诉或者举报,调解律师执业活动中发生的纠纷,受理律师的申诉;等等。这些都关系到青年律师的权益,只要满足加入律师协会各委员会的条件,就应该积极参与进来,发挥自己的作用。

律师协会的职责很丰富,归纳起来共四项职能,即维权、培训、宣传、自律。律师协会第一职责应该是维护律师执业权利,这也是律师行业健康成长的关键。律师没有任何公权力,只有法律法规、行业规章赋予的私权利。在律师的执业私权利受到不法侵害时,就需要借助律师协会的力量,维护律师的正当权利,从而更好地维护当事人的合法权益。

2012年,我执业刚满3年,就被增补为惠州市律师协会维权委员会委员。加入市律协维权委后,我发现以前办理刑事案件时需要单枪匹马与办案人员交涉乃至投诉的事，此时向维权委的主任、秘书长汇报，可以通过律师协会与法院、检察院、公安机关沟通，可以通过座谈会的方式要求解决律师遇到的难题。

我的口才还行，文笔也可以，还在全国出差办案，见识了各地办案机关的有效服务措施。在参加律师协会维权委与“公检法”等部门交流时，无论是指出问题还是提出建议，我都能有理有据让大家服气。当然，我还能当天写好宣传稿，甚至归纳出一些工作经验，交给律师协会秘书处。这就产生了两个效果：一是我很快成为维权委的积极分子，律师协会的前辈都知道有一位“能写能说”的小余律师；二是我去各机关办理业务，许多工作人员都知道我，而且知道我提出的许多建议很中肯。

在最高人民法院、最高人民检察院、公安部出台政策之前，我们已经与惠州的两级法院、检察院、公安局及看守所达成了共识，他们为律师提供以下便捷服务：律师法律意见书在公安机关法制部门流转、看守所停车位、在检察院刻录光盘阅卷（异地阅卷）、案管中心帮律师约见检察官、在法院刻录光盘阅卷、律师进入办案机关走绿色通道、律师协会在法院设置服务点等。惠州法律共同体建设，走在珠三角乃至全国的前列，也是律师协会中热心公益的那群律师共同推动的结果。

广东省律师协会也为各市律师协会与办案机关的良性互动提供支持,还以省律师协会的名义给办案机关发函致谢。

青年律师在律师协会各委员会都可以发挥积极作用,“能干活”就是青年律师的最大优势。律师前辈可以“指点江山”,告诉我们怎么做。青年律师可以“冲锋陷阵”,按照律师前辈的要求提高办事能力。老中青相结合,相得益彰,也能帮助青年律师更快捷成长。

律师协会的培训,是青年律师最大的福利,尤其是律师协会邀请一线法官、检察官、律师给大家授课。青年律师往往缺少接触一线办案人员与知名律师的机会,律师协会提供了这种培训,当然需要珍惜。一些法官尤其是最高人民法院的法官,能够介绍相关司法解释出台的原因,介绍一些改判案件的相关细节,这对于青年律师帮助极大。自己去报名参加学习固然重要,但律师协会提供的公益讲座更为重要,尤其是围绕办案技巧与执业风险防范的讲座。

对于执业满 3 年的青年律师,建议同时加入律师协会的一个工作委员会一个专业委员会。如果是刑事辩护律师,我建议加入律协维权委员会与刑事专业委员会。加入维权委员会,方便律师与办案机关沟通,也方便保障律师执业合法权利。加入刑事专业委员会,有机会接触业内专业人士,更方便参加律师协会组织的各种刑事培训或者交流。律协刑事专业委员会还是律协对接“公检法”等办案机关的部门,许多办案人员参加过与律师协会的座谈或分享,有利于加强业务上的交流。

有一次,我去惠东人民法院参加庭后交流。法官知道我在省市两级律师协会刑事专业委员会任职,一则我的业务能力还行,二则我不会采取录音等方式让他感觉不安全、不被尊重。我提出了一些辩护观点尤其是无罪观点,法官告诉我他对这个案件的真实看法,我们的沟通交流很顺畅。这个案件是我很难得的聚众斗殴被认定正当防卫案件,与法官沟通,使法官充分理解我们的意见是关键。许多人认为我主要在外地办案,因此本地的无罪案例不多,其实我在惠州的无罪案例才是最多的,无罪案例的“六个年级”(不呈捕、不批捕、不起诉、撤回起诉、无罪判决、申诉无罪的案例)我也就是“再审改判无罪”没拿到,其他的成功案例在惠州都有。

上次去潮州办理案件,庭后交流,主审法官知道我是省律协刑事法律委员会副主任,很是客气,甚至很谦虚地说他从民庭来刑庭才 5 年,有些经验不足,愿意认真听取我们的意见。该案后来改变罪名、情节降档,我代理的第一被告人从法定刑10年以上降至2年半。我们在律师协会尤其是专业委员会的职务,还能够获得专业上的尊重。当然,别人越尊重我们,我们越要客客气气,越要有理有据跟他们沟通。

近年来,各地的律师协会都喜欢邀请在全国各地办案的知名律师顺路给本地律师开讲座,我也说外地知名律师路过惠州或附近时,都要邀请过来给惠州律师讲一堂课。他们将自己的成功案例,告诉我们这些案件说服办案机关的技巧在哪里,对大家都有帮助。律师协会发函邀请某律师过来讲座,对这些律师而言既是荣誉也是压力,他们必定会尽情展示自己的"干货",能够让更多爱学习的律师尤其是青年律师从中受益。

律师协会也是能量很大的宣传平台,律师协会的宣传价值是任何律师事务所都不能替代的。越来越多的律师同行、潜在客户都会在网上搜索目标律师,如果说官方媒体对律师的采访代表的是来自体制内的肯定,那么律师协会对律师的宣传则是来自行业的肯定,而行业的背书才是更大的赋能。媒体更多的是面向普通受众,律师协会却是代表着行业的意见,律师行业才是最有权威性的。

为什么那些名满江湖的法官、检察官、律师愿意到一些城市的律师协会授课分享他们的经验？当然是因为律师协会在业内地位崇高。你不能小瞧律师协会各委员会尤其是专业委员会的业务能力，确实有一批业务精湛的技术型律师在律师协会相关委员会任职，他们牺牲休息时间为大家做业务培训。一家律师协会专业委员会所能吸纳的优秀骨干律师越多，它就越能赢得广泛的尊重。

青年律师在律师协会提供服务，既是“跟着走”，学习其他前辈的长处，也是“拉着走”，为更多的律师同仁造福。无论是参加律师协会的组织活动还是宣传活动，甚至帮主讲人提供服务以获得近距离接触他们的机会，这都是青年律师在其他平台难以获取的“赋能”宣传机会。你的名字不是出现在宣传专家的撰稿人栏目中，就是出现在组织专业学习的发言人、与谈人、提问人中，久而久之，你就可以积累人气，还可能被大数据抓取，让更多的人知道你、愿意了解你。

青年律师有机会尽量参加律师协会的这些专业委员会，有机会得到前辈的认可乃至提携。在你还不能做主讲嘉宾、与谈嘉宾时，你可以争取提问机会，你也会出现在律师协会的宣传图文中。当然，你有律师协会的职务，也容易让你的意见出现在媒体采访中，也能给自己一个更高的发展标准。

青年律师也要注意行业自律，在律师协会任职意味着你要清楚自己做事很容易被理解为所在委员会做的事，即使不能给所在的委员会增光添彩，也不能“拉后腿”，更不能让其他委员因为你的不当言行有意见。这其实也是给自己提出高标准、严要求，注意自己的行业形象，在其他委员的监督下优化发展。

在律师协会任职，让青年律师更清楚律师不能出现哪些过错，了解哪些过错会被行业处罚。如果说一名律师都能详细知道哪些行为会被行业处罚，那么他更不会去触犯行政禁令或刑事禁令，这才能让我们青年律师远离执业风险，自由而安全地顺利成长。

青年律师参与律师协会工作，还能使自己的一些有理有据的观点被律师协会吸收，从而避免因为投诉而受到伤害。我在市律协维权委工作期间，给律协写宣传稿时提出，律师遭遇投诉，可以先交给维权委审查，维护律师执业合法权利也包括遭遇不合理投诉时的维权行为，这个观点也被分管的律协领导接受。

一位律师曾经因为代理刑事案件收费过高被委托人投诉，相关委员会的律师询问刑事专业委员会的意见。我以刑事专业委员会的名义回复，认为只要律师在签合同时明确价格、按照合同约定有履行出庭等相关义务且没有做虚假承诺，该收费行为就合法有效，律师协会应当驳回投诉。如果该委托人对律师协会的处理意见不服,可以在法定时效内按照合同约定申请仲裁或向法院起诉,后来该投诉没有继续下去。如果没有律师协会坚持原则,律师很可能被人投诉或以投诉相威胁,其合法权利可能受到损害。

青年律师成长,需要借助律师协会的平台,帮助他人也是帮助自己。律师协会是个开放的平台,需要大家的共同参与共同建设。

第十七讲 | 顾问业务

青年律师成长，在发展期需要拓展法律顾问业务。一名律师能够从生存期走入发展期，不再担心明天吃什么，往往是因为他们有一定数量的法律顾问业务。这些顾问单位，不仅能提供“生活费”，而且能够衍生出诉讼业务。

律师担任法律顾问，这是律师发展到一定阶段的必然产物。如果说生存期有人请你做法律顾问是因为你的人脉资源，那么发展期有人请你做法律顾问则是因为你确实能帮到他们。有了几个法律顾问业务，就有了保底收入，还能形成属于自己的业务类型。

律师担任法律顾问，一般分为四种，即企事业单位法律顾问、党政机关法律顾问、公益组织法律顾问、私人法律顾问。青年律师在执业满 3 年后尤其是业绩达到一定标准后，有条件也有必要把发展法律顾问业务作为一项工作任务。

法律顾问对企事业单位而言，属于刚性需求，毕竟各种法律事务仅凭办公室的法律专员甚至公司律师，还是远远不够的。尤其是社会律师经历各种法律纠纷，能够把处理一家企事业单位法律事务积累的经验，应用于处理另一家企事业单位的法律事务，提前预判各种潜在的法律风险。

企事业单位法律顾问的主要职责是风险预防。企事业单位对外的民事合同、对内的劳动合同、管理层之间的制度安排、投资人与管理层的关系调整都涉及法律关系，都需要有律师依法依规帮助他们处理。有些小企业可以去网上免费下载相关合同的范本，自己修改一下拿来用。但这家企业逐渐做大做强，就需要属于自己的专项法律顾问甚至常年法律顾问。

近年来，企业合规成为新的难题，从民事合规到行政合规再到刑事合规，都需要律师把关，这也意味着律师要么民事、行政、刑事法律都懂，要么几名专业律师组成团队共同服务。清楚企事业单位有哪些风险，制定相应的检查清单，然后给这些单位做“法律体检”，拿出一套改进方案，越来越成为律师尤其是青年律师的服务新领域。

有青年律师曾问我，为什么有的单位给几万元顾问费认为高了，有的单位给了几十万元的律师费还对律师十分感谢？我说你这事让我想起孟子讲过的一个故事。齐宣王问孟子，周文王的打猎的园囿方圆七十里，老百姓嫌太小了。我打猎的园囿方圆四十里，老百姓却嫌太大了，什么原因呢？孟子解释说，那是因为周文王的园囿与民同乐，允许老百姓在园囿里割草、打柴、捕捉野兔野鸡，这样的园囿再大老百姓也嫌它太小了。你的园囿禁止老百姓进去，违反了禁令的严厉处罚甚至捕杀麋鹿按照杀人罪处理，对老百姓而言这是伤害他们的陷阱，这样的园囿再小老百姓也嫌它大了，其实律师服务也是如此，你能帮到别人，律师费再多委托人也认为少；你不能帮到别人，律师费再少委托人也认为太多了。

青年律师知识更新快，能够使用现代技术为企事业单位服务，这也是他们的优势所在。即使他们直接经历的企事业纠纷不如资深律师，但他们可以通过网络借助“他山之石”，把间接经验转化为自己的服务经验。有了执业最初几年的办案经验积累，青年律师有底气担任企事业单位的法律顾问。

近十几年来，劳动关系越来越受重视，懂得劳动法律服务的律师，就获得了切入企事业单位法律顾问业务的有效途径。许多人不重视劳动法律关系，总觉得没有民商法那么“高大上”，其实劳动法律属于企事业单位法律顾问的基本功，你如果连劳动法律风险都不能预防，那么你就失去了担任企事业单位常年法律顾问的资质。我的老拍档章利兵律师，最初就是从劳动法律服务一步步深入的，从服务劳动者到服务用人单位，最后服务政府机关。劳动密集型企业毕竟是绝大多数。这也导致劳动法律需求也成为企事业单位的主要需求。

正如马云所言，企业不能追求零风险，而应该追求风险可控，因为零风险意味着零发展。企事业单位决策者如果完全听律师的意见，过于考虑经济风险就会导致失去商机。因此，此时律师需要与会计师合作，跟企事业单位算清楚“违规成本”。当然，刑事犯罪属于“高压线”，律师必须明确其后果不是经济损失而是企事业单位及其负责人触犯刑法将面临刑事处罚。

党政机关的法律顾问业务，与企事业单位的法律顾问业务存在较大的差别，前者往往更关注“零风险”。如果说企事业单位招募法律顾问，律师“物美价廉”还有一席之地，那么给党政机关提供常年法律服务更注重“大所优势”，这也是再小的城市也有那么几家规模较大的律师事务所之所在。

行政机关会有行政诉讼业务,如果说企事业单位常年法律顾问的基本功是劳动诉讼能力,那么政府机关常年法律顾问的基本功则是行政诉讼能力。一些行政诉讼较多的政府机关偏好大所的律师担任常年法律顾问,不仅是因为这些大所具有较多业务优质的律师,而且只要这家大所的某一位律师担任了该政府机关的常年法律顾问,则这家大所的其他律师都因为利益冲突不能受理起诉该政府机关的业务。一家数百名执业律师的律师事务所与一家数十名执业律师的律师事务所,同样是派一名律师担任政府机关常年法律顾问,利益冲突的差别太大了。

我早年办理行政诉讼案件,连续在工伤认定中胜诉,《南方都市报》还对我进行过报道。正当我继续锻炼行政诉讼能力准备接新的工伤认定案件时,市人力资源和社会保障局聘请我的同事担任常年法律顾问,直接导致我因为利益冲突不得不黯然退出。当然,这也导致我后来把主要精力用在刑事辩护上,塞翁失马焉知非福?

政府执法机关越来越重视执法程序,这些年政府法律顾问的作用越来越被重视,从法律法规解读,到行政执法细则起草,再到行政执法救济手段的安排,甚至重大决策的社会风险评估与法律分析,都成为律师的服务内容。合法性摆在第一位，合理性摆在第二位，然后才是可操作性，还要注意执法对象的可接受性。律师尤其是青年律师仅仅随叫随到，进行事后救济远远不够，政府机关更关注提前预判可能出现的意外事件。

青年律师需要拿出自己的服务产品，例如，制定政府机关的各种政策分析、工作指引，才能在一群同等的竞争对手中受到关注。我的那群行政服务团队的同事，经常要研读中央的政策文件，判断工作过程中出现哪些问题。担任他们的常年法律顾问，还要接受媒体采访，关注社会舆论，比企事业单位的常年法律顾问确实要辛苦得多。我们团队小周律师、小梁律师担任一些政府机关的常年法律顾问，几乎任何新政策出台都要求他们作出解读，重大决策都要求他们出具法律意见书，也体现了政府机关越来越重视法治建设。

青年律师担任公益组织的常年法律顾问，例如担任工会、商会、作家协会、慈善会的常年法律顾问，需要当成公益事业来做，可以象征性收取一些律师费甚至提供免费常年法律顾问服务，毕竟这些组织本身不属于营利组织。青年律师需要为这些公益组织提供服务，体现自己的公益价值。与此同时，这些公益组织也为律师提供了宣传平台，有利于提高自己的社会影响力。

一些经常在外地办案的青年律师，为老家的商会组织公益服务，这是不错的选择。只要商会发出邀请，对我们律师而言都是义不容辞，既能帮助商会会员提高法律风险预防能力，又能让更多的商家认识到法律服务的不可或缺性。

青年律师为慈善会等提供常年法律顾问，不仅需要参与公益普法，而且要做义工，甚至每年都有一些自愿性的捐赠活动，这些活动对于改善律师在社会上的形象乃至净化律师的心理，都很有价值。青年律师尤其是刑事辩护律师，经常与杀人、放火、走私、贩毒、抢劫、盗窃等案件的当事人打交道，需要积极参与公益活动尤其是慈善服务，让自己充满阳光、充满善意。

青年律师还要开拓私人顾问的法律服务市场。许多企业家以为请了公司法律顾问就万事大吉，他们忘了公司法律顾问是跟着大股东走的，只有私人法律顾问才是跟着自己走的。经常有民营企业家的公司发展到一定的程度，就想着引入资本方匆忙上市，结果导致公司失控。企业家与大股东发生冲突，大股东控制了公司，企业家可能面临职务侵占罪的指控。许多民营企业家聘请属于私人法律顾问，私人法律顾问不向公司负责，他们只向私人负责，帮助他们作出抉择。私人法律顾问还有个优势，那就是可以代替民营企业家处理一些不便于以公司名义处理的事务，许多谈判，都是私人法律顾问所擅长的。

青年律师需要开发这四种法律顾问业务。此时，律师的忠诚度与业务能力同样重要，两者兼顾才能做好法律顾问业务。青年律师切记要有识破阴谋的能力，但不能教唆自己的客户玩阴谋，这样的律师顾问服务才能让你的客户感觉到安全，也能让你的法律顾问业务更稳健地发展。

第十八讲｜律师入伙

青年律师成长，在发展期即将进入稳定期时，成为律师事务所合伙人是必要条件。如果说律师迈过生存期意味着他们不再关心明天吃什么，那么律师迈过发展期意味着他们应该担任律师事务所合伙人，或者在专业团队中成为不可替代的核心律师。

青年律师如果是在助理期或者生存期，可以选择个人律师事务所。但如果是发展期尤其是即将从发展期迈入稳定期，我还是建议青年律师去合伙律师事务所。个人律师事务所固然有丰富的案源，能够帮助青年律师顺利度过执业最初的艰难时期，但个人律师事务所最大的问题是它只有一个投资人，其他律师发展再优秀也只能是普通律师。个人律师事务所的这一短板，这让那些有意向参与律师事务所建设与发展的律师,失去了进一步发展的空间。此时的个人律师事务所,要么眼睁睁看着自己成为“律师界黄埔军校”,培养的优秀青年“成熟一个走一个”,要么及时进行合伙制改造,把优秀律师吸收为合伙人。

青年律师在发展期的最后阶段,有必要成为律师事务所的合伙人,这既是对自己的肯定,也是对律师事务所的贡献。业绩是青年律师成为合伙人的重要指标之一。惠州等中等城市的合伙人,一般要求年业绩超过 30 万元,这也是许多律师事务所给律师分配办公室的“硬指标”。

当然,如果要成为高级合伙人,一般的律师事务所有更高的业绩要求,例如,年业绩超过 60 万元或者 100 万元,这也是本书对律师进入稳定期、成熟期的业绩参考标准。如果说一名青年律师在二线、三线城市年业绩破 30 万元甚至接近 60 万元却没有成为合伙人,那么他们大概率会自己出去“拉队伍”成立新的律师事务所,或者投奔其他能吸收他们成为合伙人的律师事务所。

律师是个开放的职业,律师事务所只是律师办理业务的工作平台,任何进入发展期尤其是迈向稳定期的律师,都必须被律师事务所管理层看成合作伙伴,不要因为自己培养了人家,就能道德绑架人家,你可以

“门生故吏遍于天下”,但你不能限制这些“门生故吏”的发展。每次看到一些律师事务所又不给青年律师合伙人地位,又抱怨这些青年律师不该离开,我就觉得奇怪,焉不知只有尊重才能换取尊重,限制他人发展这已经是最大的不道德,还能如何站在道德制高点对他人指指点点?

律师事务所也需要新鲜血液,才能稳步前进。律师事务所吸收新的合伙人,一般注重三个方面,即业绩、公益、公共服务。之所以把业绩摆在第一位,那是因为没有业绩则合伙人无以服众。一名业绩一般的合伙人,在一群业绩比他强的普通律师面前,根本没有底气。律师事务所虽然不是商业组织,但律师事务所却需要关注每年的账单,无论是日常开支还是给员工发福利,都是业绩强的律师在支撑着。

如果你把一名业绩太差的律师推举为合伙人,你这是帮他还是害他?要知道合伙人有许多社会性工作,许多司法局、律师协会的会议都要求律师事务所主任、副主任或合伙人参加。合伙人还要承担起律师事务所的公益活动,你考虑过无形成本吗?而且你已经是合伙人了,已经搬入办公室了,这成本你要不要考虑?律师事务所可能安排合伙人负责某些事务,你这个组的好几个普通律师业绩超过你,你真好意思临时性管理他们吗?即使别人当你的面不说,你自己不感觉到很郁闷吗?

许多律师事务所实行提成制,律师事务所收取一定比例的管理费,税后收入交给律师本人。业绩高的律师,律师事务所“抽成”也多,这些律师对律师事务所的贡献也大,那么律师事务所授予他们合伙人地位也是理所当然。一些律师事务所经常对执业不满3年的律师采取管理费减免,经常组织外出旅游度假,这些费用哪里来?当然是业绩高的律师在承担,他们的贡献应该被肯定,不给合伙人地位其实是对他们的不公平。

律师的业绩不错只是成为合伙人的第一个“硬指标”,随后是要求做公益。律师事务所不仅要做好业务,还要做好公益,这样的律师事务所才能赢得良好的社会声誉。律师事务所的公益既可以是为普通居民、村民免费服务,也可以是通过媒体或网络提供免费咨询与普法,还可以是送法进校园、进企业、进监狱,甚至可以是与政府机关一起承担起社会法治教育任务。

一家律师事务所吸收合伙人,不能不看业绩,但也不能只看业绩。那些不愿意参加公益活动的律师,那些缺乏奉献精神的律师,业绩再好也很难与其他合伙人三观稳合。引入那些不愿意参加公益的律师做合伙人,极有可能导致合伙人内部矛盾重重,这对于其他愿意做公益的合伙人律师也不公平。合伙制其实是一种"人合"制度,需要合伙人之间有共同的价值观,毕竟一般的合伙制律师事务所的合伙人之间承担的是无限连带责任。根据《律师事务所管理办法》第10条的规定,设立特殊的普通合伙律师事务所,除应当符合该办法第8条规定的设立律师事务所的条件外,还应当具备下列条件:(1)有书面合伙协议;(2)有20名以上合伙人作为设立人;(3)设立人应当是具有3年以上执业经历并能够专职执业的律师;(4)有人民币1000万元以上的资产。对于那些业绩确实很厉害,但不愿意承担无限连带责任的律师,特殊的普通合伙,也是一种出路。

律师事务所吸收合伙人,往往还有第三个条件,那就是承担公共服务。律师事务所的律师从事公共服务,都是不支付报酬的,尤其是合伙人律师,他们从事律师事务所的活动既是权利也是义务。律师事务所的执行主任如果办案,他们也不另支付报酬,只有不办案的执行主任才需要支付报酬。如果一名律师虽然业绩不错、从事了不少社会性公益活动,但就是不愿意从事律师事务所的公共服务,那么他被吸收为合伙人也很容易遭到某位或者某几位合伙人的反对。

律师事务所既然是合伙制，那就意味着所有的合伙人都有一票否决权，有人对你不承担公共服务不满意，你就很难获得广泛认可。因为别的原因有合伙人反对你入伙，律师事务所主任、副主任可以去做工作说服，但因为你不愿意从事公共服务而被人反对入伙，你觉得律师事务所主任、副主任该如何开口做工作？“一致同意”这种入伙制度，要求大家责任共担而不是“多数决”，毕竟这关系到资格问题。一旦新成员有问题，那就极可能使所有人承担责任，律师事务所主任尤其需要承担首要责任。

青年律师担任律师事务所合伙人，对自己的发展有极大的帮助。记得早年小周律师来我们律师事务所投简历时，先看我们是不是合伙人，她认为合伙人律师必然发展稳定，带助理更有经验，也会有稳定的案源可以安排她实践。小周律师的观点很具有代表性，绝大部分的合伙人律师都会比非合伙人律师发展得更好，无论是对内与其他律师合作还是对外与律师同行交流，都有明显的优势。你是合伙律师，在普通人眼中你已经属于律师事务所老板行列，你与律师事务所行政主管谈话更有主动权。合伙人律师周末有需要临时要求接待客人或者办理手续，普通律师跟行政人员或财务人员只能请求，但请行政人员、财务人员配合也更方便。

律师事务所有许多规则是针对普通律师、律师助理或行政人员，但对合伙人律师都会有特别安排。许多律师事务所要求委托人必须签约再出函，普通律师一般都需要遵守这些规则，但你看看律师事务所主任或者合伙人有需求，就有可能是先盖章、出函再办理委托手续，因为合伙人是律师事务所的出资人，他们才是律师事务所的决策者与管理者，除非其他合伙人不同意。我们律师事务所变通了这个规定，那就是委托人先把一笔费用转入律师事务所对公账户实际履行合同时，也可以先盖章、出函再签合同。合伙人律师有更多的自主权，律师事务所是因为合伙人投资而存在。

律师事务所存在一些问题，普通律师只能向管理层的合伙人律师反映情况或提出建议，而合伙人律师则可以直接向行政主管安排任务让他们去处理。合伙人众多时，内部会有一些分工，例如张三在管理委员会，李四在监事会，但遇到紧急情况，任何合伙人律师都可以作出决定，然后再向分管的合伙人律师反馈。律师事务所合伙制的优势也体现在这里，大家相互之间承担无限连带责任，因此，任何合伙人律师作出的决定，只要合理、只要出于公心，其他人都会支持，事后追认就可以成为律师事务所的决定。

青年律师担任律师事务所合伙人，是对自己的肯定，更是对自己大局观念的培养。当一名青年律师成为合伙人，参加全体合伙人会议，讨论决定律师事务所的各种重大事务，他的整个观点就发生了变化，他不仅从被管理的普通律师变成了参与管理的合伙人律师，而且他不再只考虑自己的发展或者所在团队的发展，而是需要考虑整个律师事务所的发展。在普通律师或律师助理、行政人员面前，你的言行代表着律师事务所的管理层，你需要注意自己的形象。

青年律师有了合伙人的加持，无论是对外交流，还是行业宣传，在普通受众眼中，都会认为你已经成熟了，相对于普通律师你有更高的业界地位。有些商会或政府机关，甚至要求合伙人律师才能担任常年法律顾问。那一年小周律师去参加某政府单位的常年法律顾问招投标，对方竟然要求牵头的律师执业满 10 年且系合伙人律师，这门槛直接把许多优秀律师排除在外。

不过，一家律师事务所不应当过于强调律师的合伙人身份，这样会不利于专业化建设。合伙人律师只是区别于非合伙人律师，并不能说明他是专业律师，更不能体现他的专业素养，而能够体现一名律师专业素养的，应该是他在律师协会专业委员会的任职或律师事务所专业部门的任职。就刑事辩护领域而言，一名市律师协会刑事法律专业委员会主任或副主任的专业地位，是一家律师事务所的主任、副主任、合伙人难以相提并论的。

律师事务所的合伙人在达到一定数量后（例如，超过 20 人），就要按照业绩分级。建议高级合伙人与普通合伙人的比例保持在 1∶2，即 30 名合伙人中有 10 名高级合伙人、20 名普通合伙人。高级合伙人与普通合伙人按照一定的比例组成管理委员会、监事会，这样既能有效调动青年律师参与律师事务所的发展，也能“老带新”以实现薪火相传。青年律师需要在合伙人会议中发挥积极作用，这样的律师事务所才有更光明的未来。

第四编

稳　定　期

Stabilization Period

律师团队存在的价值，是把“单打独斗”升格为“联合作战”，通过优势互补、强强联合，形成对外法律服务的合力。

第十九讲 | 专业建设

青年律师成长,进入稳定期意味着有能力“挑食”,这就是专业化存在的前提。一名律师如果还需要“广种薄收”才能保证自己的业绩,那说明他还没能进入稳定期,更没有形成自己的专业地位。律师只有专业化,才能逐步形成自己在细分领域的局部优势,提高个人的收益,减少代理案件数量、保证质量。

青年律师的专业化建设有两种方式。一种是跟着团队发展,团队负责人给你分配了哪个方向,你就是哪个专业的律师。另一种是自由发展,你终于从不敢“挑食”的“万金油”律师,发展为可以“挑食”的专业律师。两种专业化道路,最初取决于你能否遇到赏识你的贵人,但最终都取决于你的业务能力。对于那些“专才”,最好是遇上一个能够带着你“一起飞”的律师团队。只有那些各方面都很出色的“通才”，才可以靠着自己的“野蛮生长”逐步走出一条属于自己的发展之路。

青年律师进入专业团队，往往是在面试时就被决定了。某位专业团队的负责人律师招新人，你正好符合他的条件，面试也很满意，于是你一开始就走上了专业化道路。不过，专业团队招新人，往往都有严格的条件，例如你是不是“985”、“211”学校毕业，你有没有拿到法学(律)硕士或博士学位，你有没有在“公检法监”部门工作的经验。如果这些要求你都没有，你就要考虑自己有哪些能引起专业团队负责人注意的特长，至少你要让专业团队认为你能提供技术支持或者资源协助。如果你各方面都很普通，那么你能进入专业团队尤其是有知名律师牵头的专业团队，这可能性几乎为零。

青年律师能够顺利进入专业团队尤其是知名律师牵头的专业团队，那么他一开始就走上了专业化道路。律师团队往往有个培养计划，例如，刑事辩护律师团队的青年律师往往先做律师助理打杂；然后做文案律师，负责法律文书的写作与 PPT 的制作；再做会见律师，负责了解基本案情；最后做出庭律师，“主刀”出庭辩护、与办案人员沟通等工作。规模不大的刑事辩护律师团队可以只分文案律师、出庭律师两种，按照团队的需求有效分工。文案律师要求文笔好，出庭律师要求口才好，律师团队负责人则要求人脉资源丰富、案源稳定。如果说在中小规模的律师团队，牵头律师会出庭办案，那么在较大规模的律师团队，牵头律师可能只负责品牌建设与案源拓展，他们讲课、开会、点评的能力也许更为出众，办案则更多依赖几名骨干律师提供专业服务。

律师团队存在的价值，就是把“单打独斗”升格为“联合作战”。团队的每一位律师都可能不是一流水平，但他们能通过优势互补、强强联合形成对外法律服务的合力，就可能达到一流水平。每个人只负责自己最擅长的领域，在团队的整合下，这就是“方阵搭配”，而不是“孤胆英雄”。要求一个人的文笔超过张三、口才超过李四、人脉超过王五、知识储备超过赵六，与某团队只要找到这几个人让他们通力合作，孰难孰易？

青年律师如果没有被专业团队看中，那就必须从“原始积累”开始，逐步积累经验与人脉。你如果无法选择自己喜欢的专业方向，就只能接受保证自己案源稳定的发展路径。等到某一天，你发现自己在某一专业方向的案源占全部案源的半数以上，此时你就有了底气选择专业化道路。如果说对于一开始加入团队的律师而言，专业建设是团队负责人帮你选择的，那么对于一开始没有加入专业团队的律师而言，专业建设是法律服务市场帮你选择的。一个是有人指路，另一个则是自己找路。我很佩服那些从单打独斗到摸索出专业道路甚至牵头成立团队的青年律师，他们要吃更多的苦，但他们今天的行业地位也是“真枪实战”拼出来的，也更加牢固。此时律师事务所更多的是给他们提供一个平台，让他们自由发展。他们在给这个平台赋能，他们才是这家律师事务所的主要功臣。

2009 年我开始执业时，一直想成为某个律师团队的成员，我有信心成为这个律师团队的“金牌写手”或者“金牌辩手”，可惜那时的惠州律师团队还很少，指导律师都是把实习律师带到执业就完成任务，然后去带新的助理。即使存在一些律师之间的长期合作，那也是案源律师与办案律师之间的分工，他们都是以个体律师的身份出现，并没有形成作为律师团队的那种紧密关系。那些优秀律师，更多地采取“工程项目部”模式，遇到大项目则邀请几名律师临时组成服务团队，项目“竣工”则项目部解散。至于说在惠州组建律师团队，我们这些律师应该是最早的那批人。

既然我没办法被律师团队吸纳，我就只能走最艰难的独自发展道路。经过最初两年的辛勤劳动，我终于在 2011 年进入发展期，不再关心明天吃什么，不再需要周末留在办公室看看能不能“捡漏”前来咨询的潜在客户。2012年的广东组织了“三打两建”工作，涌现了大量的刑事案件，这一年许多技术型刑事辩护律师都收获颇丰，当然也包括我。2012年年末，我惊奇地发现办理的刑事案件在案件总数的半数以上，这一年还拿到了数宗不起诉、二审改判案件，这给了我专业化建设的底气。

2013年广东省卓凡律师事务所提出专业化建设的发展任务，支持成立各专业化部，明确5名以上律师可以组成专业化业务部。一则我有条件从事刑事专业化发展，二则当时惠州的优秀律师以刑事辩护为主业的不多，这几乎是个“蓝海”，与其他律师竞争刑事辩护市场，我跟他们几乎同时起步，我不会处于任何劣势。我就去说服我们律师事务所主任杨择郡律师：如果一家大型律师事务所如果没有刑事部，就像一家综合型大学没有理学院，这是关系到我们卓凡律师事务所品牌地位的大事，希望能够成立刑事部。

杨主任很满意我的热情，表示支持我去牵头成立刑事部。我说约了王永平律师，但我们“五缺三”，人数还是不够。杨律师说，你不用担心，人数会够的。结果，利兴超、卢建君、林建源等律师都参与了筹备，合伙人、律师事务所管理委员会成员黄庆龙律师也来了。

我在起草刑事部成立请示报告时，询问黄庆龙律师是否担任刑事部主任，黄律师很客气地说，我就是来为大家服务的，刑事部还是以你与王永平律师为首，我不担任部门职务。

在刑事部人选时，王永平说，刑事部是安平你倡导成立的，这个主任你来当最合适。我说我比永平年轻六七岁，又是教师出身，你让我处理文案写宣传材料我很擅长，但要坐镇刑事部协调各种关系，没有比永平这位在公安机关工作过15年的老干警更适合。后来，大家一致决定由王永平律师担任刑事部主任，我担任刑事部秘书长。

广东省卓凡律师事务所是惠州数一数二的品牌律师事务所，卓凡刑事部又是惠州第一家刑事部，这让我们一开始就“快人一步”取得了先机。我们逐渐摸索出疑难案件分析会、经典案例分享会、热点问题讨论会、重大案件分析会、法律法规学习会等会议形式，共同提高刑事部的办案能力，共同打造专业形象。我们还定期公布不批捕、不起诉、撤回起诉、免予刑事处罚、无罪判决、判处缓刑、二审改判、发回重审、改变罪名改判等有效辩护的数量与案件占比，还与非刑事部律师办理的刑事案件进行比较，引出我们的宣传目的——刑事部办理刑事案件更专业更有辩护效果。

我们向杨择郡主任汇报后，组织了卓凡刑事论坛，邀请一线的法官、检察官给我们授课，谈谈“二审改判的案件有哪些特点”“检察官视野下的有效辩护”，做到“知己知彼”。

利兴超律师提出“集中团队力量打造精英律师，依托精英律师打造精英团队”，卓凡刑事部成立之初，我与王永平在各种刑事交流场合代表卓凡刑事部发表观点。一方面是因为我们刑事部确实干得不错，另一方面是因为卓凡律师事务所对我们大力支持，总所杨择郡主任、王水文副主任、仲恺分所章利兵主任都加入了卓凡刑事部，这使卓凡刑事部有充足的资源，在短期内声名鹊起。安平决策，永平决定，安平执行，这就是“卓凡两平”的工作模式。正是卓凡律师事务所与卓凡刑事部的加持，“卓凡两平”逐渐成为“惠州两平”，我个人的专业影响力也从律所发展到全市乃至珠三角地区。

为了进一步推动刑事专业化建设，我们在办案之余去广州、东莞、深圳等地交流学习，得到王思鲁律师、张元龙律师与郑剑民律师等知名律师的支持。2016年8月，我们卓凡刑事部承办了珠三角6市的“审前辩护论坛”，我作为主要策划人、主持人、撰稿人得到了大家的广泛认可。各方报道让更多的受众知道了惠州有个卓凡刑事部,也对我有了更多了解。借助律师事务所与刑事部的平台,多干活多出彩,也更多被关注。惠州先有卓凡刑事部,再有律协刑事委员会,我们不仅倡导成立了刑事部,还倡导成立了律协刑事委员会。

律师竖起专业化建设的大旗,所在律师事务所的律师乃至所在城市的律师都会认可你的专业化地位,有相关案件会找你合作,有疑难会向你咨询,而且市场发展也会被“良性导向”,潜在客户也就把你作为他们要寻找的专业服务者。只要你在你们所的刑事部属于积极分子而且每年都有成功案例晒出来,只要你能够在各种场合体现你的专业性,那么你的专业化就会被选择,法律服务市场会引导需要专业服务的家属跟你对接。

走向专业化发展后,你不需要每年办理30个以上的案件,而是需要逐步减少案件数量、提高案件质量。例如,把每年办理的案件控制在10个左右,而且整个律师事务所甚至整个城市的青年律师,都可能为你输送案件。当然,你还须不断提高自己的办案能力与议价能力,这也是他们愿意找你合作办案的关键。

第二十讲 | 工作指引

青年律师成长，在稳定期应该把自己看成业务领军者，而成为业务领军者的重要方式之一就是编写工作指引。无论是会客指引、办案指引还是会务指引，只要能体现青年律师的行业引领价值的工作指引，都是应该努力投入的。

青年律师进入稳定期，需要为整个行业做一些贡献，此时青年律师既有时间又有精力，还有经验储备。青年律师要给行业做一些力所能及的贡献，最简单有效的方式，就是制作工作指引。最简单的工作指引，就是收集本市甚至本省的法院地址指南，刑事律师则可以收集本市乃至本省的看守所、公安机关、检察院、人民法院的地址，然后做成办案地址指引。

这些事情看起来很简单，但对于业内同行而言，确实能提供很大的帮助。刑事律师常去的看守所，基本都不会出现在地图上，就需要有人帮他确定具体位置。你想想，一旦你制作的各种路线指引通过网络或者宣传册出现在同行律师、家属的手上，他们能不认为你很专业吗？那次我还跟一位青年律师说，你看看自己微信公众号文章阅读量很少有破千的，你那篇省内律师事务所路线指引阅读量很快破万，这说明什么？当然是你能帮助到别人，才能被别人传播。一些法律服务公司把办公地点开设在看守所附近，客观上既方便了律师寻找看守所，也方便了家属去看守所办事，这也是擅长做服务的内在体现。

青年律师制作指引，还可以做法律汇编。一些青年律师把刑事案件涉及的法律法规、司法解释按照不同的类别编成宣传册，分为“刑事流程”“委托程序”“刑事侦查”“审查起诉”“一审判决”“二审判决”等板块对外提供给客户，让那些需要请律师的家属知道原来有这么多的法律规定。既然这些宣传册都是某律师制作的，那么所有宣传册的阅读者都是该律师的潜在客户。曾有律师把毒品案件的相关法律法规、司法解释特别是关于毒品犯罪的几个座谈会议纪要装订成册，体现和宣传了自己的专业性，让家属发现自己并与自己合作。

我曾去骨科医院看望一位生病的朋友，就发现病房竟然有制作精美的人体伤残与工伤赔偿一览表，里面不仅写明了法律依据，还从十级伤残到一级伤残、工伤十级到工伤一级的各种计算标准、赔偿额度，实在让人叹服。我跟一位处理工伤案件的同事说，现在律师这么“卷”了吗？同事说，你想想现在每年新增多少律师，你想想青年律师如何能够让客户找到他们并相信他们的专业素养，你想想律师服务“供过于求”会不会促使律师尤其是青年律师拼命提高服务能力？我说这种宣传册效果如何？同事说这也是一种不错的方式，一则表示这位律师在从事人身损害与工伤的法律服务，二则他的专业素养只要超过其他律师一点点就会迅速引起关注。我说，交通事故的人身损害案件，不是被法律服务公司垄断了吗？同事说，法律服务公司原本无法与律师事务所进行业务竞争，但律师事务所在某个细分领域的专业服务一旦不如法律服务公司，法律服务公司当然能够利用比较优势胜出。看来专业素养才是关键。

青年律师收集资料形成工作指引是最低要求，任何律师只要有时间甚至交给助理都可以完成。较高要求的工作指引是介绍律师从接案到结案的工作细节。见到家属该如何洽谈、与家属交流后该如何报价、律师与当事人之间的合同该如何约定、授权委托书该如何列明权利、代理风险该如何告知……这些工作指引已经不再是简单地摘录法律法规、司法解释，而是需要经过律师的认真思考才能完成。

一位同事曾找我合作案件，第一件事就是要求我起草一份完整的刑事辩护合同，合同中要告知我们可以提供的至少20项服务，然后要明确万一当事人在检察院阶段释放出来了，所收的律师费不予退还，但也不能让家属误以为我们承诺案件会无罪结案。

我说这有何难？我在律师事务所刑事辩护通用格式上修改，很快完成一份符合要求的刑事辩护合同，律师的服务分解为30项，收费方式改为计时收费，还细化了计时标准，让当事人定期确认。合同明确一次性收费，在计时收费后面再加一条特别约定，即使检察院作出不起诉、撤回起诉或者法院作出一审判决，也视为辩护律师完成合同约定全部工作。我同事说，你这个刑事辩护合同能够让家属满意，后面再要一份完整的授权委托书。我说写20项事项如何？同事说，你能写出来已经说明了你的专业能力。

后来家属比较了几家律师事务所提供的服务方案、刑事辩护合同与授权委托书，一眼就看中了我们的文件，认为其他律师事务所的服务事项、授权内容比我们的少，认为我们办案经验更丰富，见过的各种特殊情形更多。许多家属不一定懂律师的专业服务，但他们可以从律师提供的委托手续中发现律师经验如何，毕竟许多条款都是经验的产物。

更高要求的青年律师工作指引是指导办案的各种规程。这些流程不同于前面的所谓收集相关法律法规、司法解释，而是结合自己的办案经验，形成一套办案的指导方法。青年律师制作办案指引，是体现专业素质的重要方式，也是总结归纳自己办案经验和技巧的重要方式，值得提倡。

记得有位深圳律师，把毒品案件的办理方法形成工作指引，从如何会见了解情况，到如何与办案机关沟通交流，尤其是如何质证鉴定意见、如何交叉询问，都做了详细的解读。这样的律师，在读者心目中当然具备很高的专业地位，无论是律师同行还是家属都对其高度信任，有案件愿意找他帮忙。我还跟这位律师朋友开玩笑说，本来一些优秀毒品辩护律师在培训会议上才愿意讲的内容，结果你直接解密了。大家读你的毒品办案指引就可以办案，这不是严重影响参加培训的人数？

朋友笑笑说，工作指引你余律师虽然没有写过，但你不是也写过毒品辩护的七个切入点吗？你不是还在省律协的研讨会上解读过某会议纪要的出罪要旨吗？毒品辩护的经验与技巧都是公开的，哪位有 5 个以上成功案例加身的律师，不能写出一套办案指引？

青年律师撰写办案指引，必然要求有相应的办案经验，这才能使自己制作的工作指引有血有肉，让家属与看门道的律师同行能够理解和支持。许多人对制作办案指引心存疑虑，其实只要你写的有诚意，只要你愿意结合自己的成功案例形成办案的方法与规程，必然得到广泛的认可。

这几年有律师就新型毒品犯罪案件形成了从询问、质证到辩论的工作指引，尤其是鉴定意见的质证形成了专门的方法，这就赢得业内的肯定，这些律师一时间成为这些新型毒品的辩护专家。青年律师容易接受新生事物，也善于找出新的辩护技巧，这是青年律师在一些新型犯罪领域产生后发优势之所在。

有人会说，我辛辛苦苦制作办案工作指引，岂不是教会了别人饿死了自己？其实这是一种封闭的陈旧思维，忽视了工业革命以来人类进入了开放社会。全国法律服务业务需求很多，不差任何一位制作办案指引的律师那点事，此时青年律师看起来是在法律服务市场上个人奋斗，其实是向办理同类案件的律师传递信息，即我能办案，我也愿意跟同行合作分享。世界那么大,不在你身边的人凭什么认识你?当然是因为你通过制作办案指引等公益方式,让更多的人佩服你的人品,愿意把你看成合作伙伴。

如果青年律师所在的律师事务所已经成立了专业化的业务部门,那么也可以制作部门工作指引。青年律师参加部门工作,可以选择做秘书长,这是“干活”的职务,最累但也最能锻炼人。青年律师参加专业部门的活动有三大忌讳:一是不愿意干活,从而逐渐被遗忘;二是不愿意任职,从而被边缘化;三是不愿意干实事,从而失去锻炼机会。

2013 年广东卓凡律师事务所刑事部正式成立时,我担任秘书长,直到 2018 年我才辞去秘书长职务转而担任副主任。2012 年我已经走上了专业化道路,2013 年我正好从发展期跨入稳定期,此时有底气干点事。我利用秘书长的职务便利,不仅大量组织各种分析会、分享会、研究会、学习会、讨论会,而且制作了会务工作指引、宣传工作指引、风险防范工作指引,甚至把自己成立刑事部的工作经验形成文字做成指引,一家广州大型律师事务所的刑事部门成立时,就是参照我们刑事部的经验。

2015 年前后,我还制作了刑事法律意见书的写作指引、辩护词的制作指引,这既是作为团队建设的经验传承，也是告诉旁人，我很擅长刑事辩护的技术化、精细化服务，有疑难可以向我咨询，有案件也可以找我合作。我既然知道这些法律文书如何制作，我当然懂得如何用最有效的方式说服办案人员。

当然，技术辩护也有应用条件，那就是办案人员坚持刑事原则，愿意听取律师有理有据的辩护意见。大多数的办案人员都受过良好的法律教育，都愿意尊重律师的辩护权，这使我的技术辩护有用武之地。

青年律师制作工作指引，其实是一种“我为人人”的善举。这种善举背后，则是“人人为我”的良性回馈。当青年律师发现他们的存在对他人有价值，他就已经成为周围环境中不可或缺的积极因素，这也是青年律师持续对外输出善心与技术的驱动力。

第二十一讲 | 组织论坛

青年律师成长，稳定期需要多一些对外专业知识输出。提高律师行业地位的方式，不仅要制作工作指引，还要组织法律论坛。许多律师事务所成立刑事部后，都会把组织论坛列为重要目标任务，都是深谙此道。

青年律师在稳定期，已经有了合伙人身份与律师协会的职务，还能制作工作指引，那么此时他们安排一场法律论坛，不仅是可能的，也是必要的。我在 2016 年 8 月策划组织卓凡刑事部、组织珠三角 6 市“审前辩护”论坛时，记得主讲人之一的张云龙律师来电话，问我们卓凡刑事部副主任、仲恺分所主任章利兵律师，安平是合伙人吗？他的邀请是代表你们卓凡刑事部，还是代表你们卓凡律师事务所？这足以说明，律师进入稳定期后，要争取担任合伙人，这才能让你的各种对外交流活动有律师事务所的加持，这样才方便你调动整个律师事务所的行政团队服务资源。

当然，如果你还不是合伙人，甚至没有在专业部门担任重要职务，但只要你背后有律师事务所主要合伙人支持你，那么你要组织一场法律论坛，也是毫无障碍。中国是个人情社会，律师事务所的合伙人之间又是相互帮助的关系，只要你有能力有想法，不要担心会被忽视，毕竟凡是提升律师事务所专业形象的工作，都是对整个律师事务所做贡献。律师事务所的合伙人都知道如何“借力”，你愿意干活，谁都愿意帮助你。此时你就是不想做合伙人，律师事务所的几位主要合伙人都会担心你是不是想走了。

青年律师组织论坛，先选题，然后制订工作方案，再与律师事务所主要合伙人商量该怎么办。如果律师事务所主任、副主任本就是一线办案律师，他们会懂得如何选题，对于青年律师提出的构想，可以提供成熟的意见，而且他们可能想要在论坛中做一位分享专业技能的律师，而不是做一位只做程序性发言的致辞律师。如果律师事务所主任不怎么懂论坛涉及的专业，那么青年律师就应该自己做主策划选题，只需要征求程序性的意见，例如，谁来致欢迎辞，谁来做总结，此时策划人也应当仁不让做主持人。

法律论坛需要有个策划组,人数不要求太多,骨干3人左右为宜,这个小组是论坛的组织核心。我不建议策划组把律师事务所主任拉进来,除非青年律师已经是在律师事务所中仅次于律师事务所主任的存在。策划组提交给律师事务所主任的各种安排,应该是拟定稿而不是讨论稿,只需要律师事务所主任表示同意与否,具体方案最多是微调。此时的策划组,就是军队的参谋部,作战计划已经完成了,只等司令员签发就行,而不是把半成品交上去坐等人家完成。

青年律师在律师协会的支持下组织法律论坛,是展示自己的专业能力,展示自己的组织协调能力,也是通过论坛密切与法律同行之间关系的有效途径。我们搭台请人来"唱戏",这才有机会能请到行业专家。律师协会与法学会每年都有组织活动的任务,他们缺的是有人保证质量的工作。要用他们的名义也很简单,把工作方案做好就行。

策划组的活动方案一旦被律师事务所批准,那么策划组就可以在律师事务所的授权下,对接行政服务团队,形成相应的业务组。会场组负责会场布置,接待组负责与嘉宾联络安排入住酒店、会场入座、指引就餐;宣传组负责与媒体对接并摄影、起草宣传通稿、沟通落实策划组的计划。将律所合伙人拉入管理组，遇到策划组难以作出决定的意外情况，则交给管理组处理。当然，高质量的策划组能够提前预判各种意外情况，尽量不去打扰管理组。

2016年8月，我与卓凡刑事部主任王永平、副主任章利兵共同组成了“审前辩护论坛”的策划组，我作为律所刑事部秘书长，执笔完成活动方案，两位主任同意后，交给律师事务所主任杨择郡核准。杨律师提了三点意见：第一，我们的活动把市区两级法学会列为指导单位，卓凡律师事务所作为主办单位，卓凡刑事部作为承办单位；第二，他不致欢迎词，而是由两级法学会的领导致欢迎词，他做一位普通的主讲人；第三，我直接联系律师事务所行政部，他会通知行政主管全体配合，具体事务不需要再汇报，我们策划组商量后自行决定即可。

杨律师的意见，曾给我很大的压力。第一个问题很好解决，而且法学会直接发文要求政法机关派人参加会议，这对于提高这次法律论坛的规格大有帮助，只是他们参加论坛意味着我需要提前告诉与会嘉宾注意发言规范性；第二个问题对我来说太难了，我们律师事务所主任是市律协副会长，这就让我只能把目光投向全省寻找点评人，例如，邀请省律师协会或司法局的专家、领导做点评嘉宾；第三个问题对我来说这就是曹操那句“汝可便宜行事，何必问我”，给了全权也就给了全责。

我向王思鲁律师寻求帮助。王律师说，他可以帮我邀请广州、深圳、佛山、东莞的一些刑事辩护骨干律师过来，河源的律师你很熟可以自己邀请，省律协刑事专业委员会主任郑剑民律师很喜欢你，你可以邀请他过来做点评，你写的工作流程已经很完备，按照你们主任的意见稍做调整即可。法学会作为指导单位这很好，分享嘉宾都是成名律师都懂得如何正确表述。王律师说，我知道你们主任担心嘉宾发言有不适当的言论，这个你让他们放心，我们都知道该怎么做。

我迅速投入工作，联系了分享嘉宾，还把王律师的意见转达给我们杨主任，他很高兴，表示我可以放手组织活动，并让我联系媒体。我本就与惠州的媒体关系密切，各家媒体的朋友都表示他们立即动手报题，那天亲自过来捧场，而且会采访我和我们主任。我把程序性的工作都安排下去了，各组立即分头行动起来，我留给自己两个角色，即论坛主持与通稿写作。

这次“审前辩护论坛”很成功，虽然我是第一次组织策划并主持这么多大规模的法律论坛，也是惠州第一次组织这种大型法律论坛，但我已经展示了自己对刑事辩护的执着于专业。主持人不是报幕员，需要“画龙点睛”式的点评，还要引出下一位发言嘉宾，甚至被要求临时安排某些专家上场，确实很考验一名律师的综合素质。正是通过这次论坛，我开始走出惠州，在王思鲁等前辈的支持下，逐渐在珠三角律师圈有了一定的名气。杨律师也认为，律师论坛是打造精英律师的有效举措，卓凡律师事务所与惠州市律师协会将组织越来越多的法律论坛，邀请越来越多的业界专家来惠州交流，推动惠州律师业务能力越来越快跟上珠三角先进水准。

正当我沉浸在成功组织法律论坛的喜悦中时，律师事务所一位律师前辈给我打电话说，这次论坛确实很成功，你作为策划人、主持人出尽了风头，媒体的宣传报道也给足了你亮点，这很好。但小余啊，你要记住短期内出名很容易惹人非议，尤其是你不能因此就飘了，你要从现在起对自己所做的贡献全部“清零”，有人表扬你，你也要做到谦虚谨慎才能更进一步。你是懂历史的，知道该怎么做。

这位前辈是我的贵人，这一席话立即让我冷静了下来，让我认识到此时应当更加谦虚谨慎、严肃认真，不提自己的贡献，明白自己许多方面做得还不够。我表示自己的下一个目标是组织策划惠州律师协会的刑事论坛，而且我的意向是进入省律师协会刑事专业委员会。虽然省律师协会只给了惠州两个名额，我觉得还是很有希望成为新晋刑事专业委员会委员。

2017 年年初，我顺利进入省律协刑事法律专业委员会。8 月，我又以市律协刑事专业副主任的名义，主动请缨策划了首届“惠州刑事论坛”，并邀请广东省检察院检察官分享“公诉人视角中的热点问题分析”。市律协想要办出高水平的论坛，我继续与王永平、章利兵律师做策划人，安排了与谈嘉宾，还以律师协会的名义邀请惠州电台“午间说法”栏目主持人科蕾主持这次法律论坛。王永平律师笑笑说，老余你这次的任务就是组织策划，论坛开始了整个活动就听主持人指挥了，宣传通稿你也不用写了，可以去休息了。我说，我还是在观众席上学习专业知识和主持艺术吧。

作为策划人，如果不参与发言或主持，论坛开始后确实可以去休息了，一个好的策划人就相当于一位称职的参谋长，战役开始后就是前线部队如何贯彻执行作战计划的事。当年毛奇伯爵制定好普法战争作战计划，有普鲁士军队高效的执行能力，当战争打响他丢下铅笔那一刻，这场战争已经没有悬念。对于律师这些高素质群体而言，大家都具备执行力，关键是如何形成严密的、可操作的工作方案。

我主张青年律师组织论坛，就是因为这不仅是很不错的自我展示机会，也是与律师同行交流沟通的机会，尤其是你作为策划人很容易与主讲人、与谈人等专家近距离接触，甚至有机会进一步沟通交流，这对律师的专业成长有巨大的帮助。后来我提出知名律师路过惠州周边地区，我都邀请他们过来给惠州的律师上一堂课。借着律师事务所与律师协会的平台，与这些知名律师良性互动，既能提高惠州律师的业务能力，也能与这些知名律师做朋友发展自己，我们只需要付出一些时间与热情，岂不妙哉？

青年律师在稳定期需要对律师行业多做贡献。例如，邀请名家分享他们的办案经验或知识感悟，这是在帮助律师同行，更是在帮助自己。我们“搭台”让业界专家“唱戏”，在本地律师群中更容易得到认可。当你在青年律师群体中做到既能干、又谦虚、且尊重他人，谁都愿意跟你做朋友，谁都愿意支持你更进一步。此时你都不需要刻意宣传自己，他们愿意参加你组织的活动，就是对你最好的宣传。

第二十二讲 | 形成圈层

青年律师成长，在稳定期需要形成自己的圈层。进入稳定期的律师就需要主动成立圈层，针对自己的特点去寻求深层次的发展。

圈层，俗称“圈子”，指具有相同爱好、兴趣或者为了某个特定目的而联系在一起的人群。人是群居动物，所谓“物以类聚，人以群分”，这就会形成不同的人际交往圈子。圈层是人际交往的主要形式。能不能形成属于自己的圈子，能不能进入帮助自己的圈子，这也是人们成长与发展的情感需要。

学生时代，跟什么样的同学成为伙伴，是父母高度关心的问题。父母总希望孩子跟那些积极追求上进的孩子一起玩，总希望孩子进入健康快乐的小圈子。

律师也是如此，任何一位律师都希望有个能给自己赋能的圈子,希望这个圈子能够支持自己发展,而不是只能消耗自己的能量,尤其是不能带着自己失去上进心。选择什么样的人做朋友,加入什么样的圈层,关系到我们如何迈出下一步。

青年律师入行早年,需要选择一些能够带着自己发展的圈层积极加入,寻求帮助。青年律师一旦步入稳定期,他们就有必要"以我为主",形成适合自己的圈层。我们的精力是有限的,"大丈夫有所为有所不为",这就需要建立新的人际交往圈子。

青年律师至少需要八个圈层:第一个是亲属圈;第二个是亲戚圈;第三个是老乡圈;第四个是同学圈;第五个是同事圈;第六个是同行圈;第七个是私友圈;第八个是知己圈。当然,这些圈子也因人而异,但都契合你的需要,帮助你稳健成长。

亲属圈,主要是以夫妻、父母、兄弟姐妹、子女为基础形成的人群。我们遇到重大事情,需要跟他们商量。我们在外面可能总是展示自己强大的一面,但在亲属圈子里,需要保留最真实的情感。为什么一些人在家里脾气不好,在外面脾气很好?那是因为在家里可以不控制情绪,在外面必须控制情绪。越是父母疼爱的孩子越可能对父母发脾气,那是因为他知道父母永远爱他,而在外面没有人会永远爱他。当然,发完了脾气，孩子总会过来跟父母亲昵，这才是他能永远信任的亲人。青年律师的亲属圈，会越来越客气，因为家里人都知道你很不容易，知道你事业有所成就的背后是无尽的艰辛。

亲戚圈，主要是姻亲关系形成的人际圈子，这个圈子跟你的亲密程度，很大程度上取决于你与亲属的另一半相处如何。你做律师，许多人有事会向你寻求帮助，此时务必提供举手之劳，必要时他们的事情就是你的事情，帮助他们其实也是帮助你自己的家里人。

老乡圈子，往往取决于你的工作地。如果你在本乡本村工作，则你是没有老乡的，因为你是本地人。如果你本县的外乡镇工作，则本乡本村的乡邻都是你的老乡。如果你在本市（州、地区）的外县（区、市）工作，那么本县（区、市）的人都属于你的老乡，依此类推。我在外省工作，则我不仅有湖北老乡，还有黄冈老乡，甚至还有英山老乡。在外地工作，有老乡可以听听方言，可以谈谈老家的故事，可以倾诉一下思乡之情，这也是我们需要珍惜的。我每年都会定期约老乡聚聚，老乡这个圈子不能疏远。如果说你还是小律师，老乡给你推荐案件那是在帮你，那么等你成为小有成就的律师尤其是你已经是迈入稳定期的律师，那么你愿意代理老乡推荐的案件，就可能是你在帮他们。因此，只要你有时间,只要对方委托事宜属于你的服务范围,你就尽量不要拒绝。老乡的感情,是不能辜负的。中小学的同学圈子,也都是老乡圈子,尤其是我们多半在外市甚至外省工作。青年律师进入稳定期后,在同学群中也算发展还不错的,一则需要有一个自己"谈得来"的圈子,二则对其他同学必须足够尊重,礼节不能少。你越是发展不错,越要谦虚谨慎、严肃认真,尊重同学。

青年律师的同事圈子,处理起来就是同学圈子的再版。一方面,你需要有谈得来的同事,相互支持、相互帮助。另一方面,对其他同事你要足够尊重,切不可冷落了他们。你越是发展不错,越要对周围的人礼敬有加、客气周到。

青年律师的同行圈子,这是最为重要的,尤其是你如果想借助律师同行的圈子走得更快、更远。对律师同行的尊重是第一步,对律师同行的帮助是第二步,能够形成自己喜欢的圈层是第三步。人缘好,性格好,人脉资源丰富,待人客气,懂得感恩,这样的人总会贵人不断,谁都愿意帮助他们。越是距离你较远的律师同行,你越要对他们客客气气,越需要懂得尊重他们。

青年律师的私友圈,这是个需要重点关注的圈子。私人朋友可遇不可求,尤其是那些从学生时代一直延续到现在的朋友。这些朋友是青年律师的"亲友团",

也是他们的“智囊团”。他们既可能在体制内任职，也可能在社会上经商，还可能是学校老师或者学者、记者、作家。他们的存在，让青年律师遇到困难随时有人可以倾诉，也让青年律师集合众人的智慧分析问题。

青年律师的知己圈，许多律师一辈子都难以获得。有人能跟自己心与心相通，有人能与自己头脑与头脑交流，这种心理上的满足，是尤其可贵的。鲁迅先生说过，“人生得一知己足矣，斯世当以同仁视之”。能拥有知己的，都不是普通人。青年律师的知己，不一定需要是律师，也不一定需要是法律职业，只要大家关系密切，那都是一种享受。拥有知己、珍惜知己、善听知己的规劝，人生不如意者常十之八九，更需要有知己一路同行，增添辛苦赶路的乐趣。

2013 年前后，我进入稳定期后，就开始在惠州形成“刑事辩护圈层”。既然惠州有一群热爱刑事辩护的律师，那么我们很有必要通过各种形式的人际关系。我们这个刑事辩护圈层，人数不多，没有门户之见，来自不同的律师事务所，大家经常在一起聚聚，商讨如何办案，如何提高业务能力与宣传能力，如何协调与律师协会、办案机关之间的工作关系。这种刑事辩护的圈层逐渐完善为“办案律师联络群”，我们主要任务就是交流律师如何办案、如何规范收费、如何维权。

进入稳定期的青年律师，一方面，他们的业务能力已经进入国内 20% 的优质律师序列；另一方面，他们需要有一个能够“抱团取暖”的新平台。这些年经常有某城市的刑事辩护，以“三人行”“五人行”“七人行”“九人行”乃至“二十人行”的形式出现，这其实是打造集体品牌，共同对外拓展业务。

2018 年以来，惠州刑事辩护开始形成一个较为稳定且开放的圈层。只要你在一线办案，只要你有兴趣走技术辩护道路，只要你愿意把自己的办案经验拿出来分享，只要你积累了不少成功案例，你就可以在某一位或几位律师的邀请下，参加我们的活动。大家都有自己的团队，大家背后都有律师事务所的支持或者刑事部的支撑，就很容易形成一个带动大家共同进步的圈层。找一个话题，利用律师协会或者律师事务所的平台，轮流组织内部活动，定向邀请一些业务能力不错的律师参加，确实有趣。

进入稳定期的青年律师有了一定的经济基础，不缺理想，更不缺能力。这些律师能够按照自己的想法，形成一个或者几个属于自己的圈层，大家一起交流互动，一起学习进步，一起享受生活，岂不妙哉？喝喝茶、聊聊天、谈谈案、爬爬山……交流一些感兴趣的话题，这是我们应该做的，也是我们可以做的。

第二十三讲｜合作办案

青年律师成长，进入稳定期就需要考虑外出办案，而不是继续在本地埋头发展。律师外出办案，建议与当地律师合作，从而实现优势互补，而且让更多的律师同行成为我们的合作伙伴。

在2016年之前，我在惠州已经收获了一波不起诉、撤回起诉、免予刑事处罚、二审改判、改变罪名轻判等成功案例。提倡技术辩护的律师前辈对我说，安平律师啊，如果你主要在惠州办案，那么即使你每年都有无罪案例，每年都有改判案例，在客户眼中你也只是惠州本地律师。你必须走出去，去北上广深这些一线城市办案，让大数据抓取到你是全国办案律师，客户才能意识到你虽然在惠州执业但不只见过惠州的案件，从而愿意按照一线城市的标准委托你。

这位律师前辈建议我去大平台获得品牌加持，或者与大城市的知名律师合作，业务才能上一个档次。虽然小城市也有一些知名律师，但他们不在大城市或者没有与大城市律师合作，其实很亏。这也是二线、三线城市的知名律师纷纷涌向一线城市的原因，甚至东莞、佛山的优秀律师也愿意向广州、深圳乃至北京流动。我说我已经习惯了小城惠州的生活环境，还是留在惠州发展吧。王律师说，如果这样，你就要多往广州、深圳这些大城市走动，让人家知道你是属于广州、深圳律师圈的知名律师，多来讲讲课，多来参加活动。

我很听劝，这些年我每年都会去广州、深圳办案，每年都会来这些城市参加交流，甚至去深圳市律协组织过几次分享。既然大城市的律师朋友愿意帮我，我当然需要积极跟进。北京、上海距离惠州太远，我只能偶尔去办案，偶尔去参加交流活动。也许再过几年，我也能每年去办几个案件，每年去参加几次交流分享。

青年律师需要学会合作办案，单打独斗的年代，一去不复返了。为什么有团队加持的青年律师往往成长更快？那当然是他们一开始就在合作办案，很清楚如何“主攻”、如何“助攻”、如何“佯动”、如何“帮衬”。每个团队都有牵头的“大牛”律师，他们网友有自己的品牌。青年律师跟着他们办案，看起来承担了绝大部分的工作，但没有他们的支持和帮助，仅凭自己根本拿不到这些优质案源。

我赞成青年律师与外地律师合作办案，这也是“AB 搭配”。律师在本地办案，往往有些限制，这些不方便办理的案件，完全可以推荐给外地律师办理，这些案件的当事人获得律师帮助的权利应该被尊重。本地律师与外地律师合作办案，两人之间可以有效分工。“AB 搭配”，惯用的做法就是本地 A 律师主要负责日常会见、阅卷、交材料、与办案人员沟通等工作；外地 B 律师的主要任务是从技术上对案件进行主攻，必要时可以死磕辩护。

律师接到刑事案件时，第一反应须是无罪辩护，除非现有证据足以推翻律师的无罪判断，或者妥协更有利于维护当事人的合法权益。我们切忌在当事人喊冤时或者现有证据显示存在无罪辩护空间时，因为压力而放弃无罪辩护。作出放弃无罪辩护决定的，只能是当事人及其家属，律师绝对不能越俎代庖，除非是死刑辩护案件。死刑辩护案件，律师需要主导辩护策略，此时可能是一条人命因为当事人不懂法或错误理解法律而丧失了。

青年律师进入稳定期后，我建议把外出办案作为主要办案模式，应该把与外地律师合作作为主要的外出办案途径。青年律师长期在本地办案,很容易“简单重复”,难以得到更多的锻炼,业务能力因此过早遭遇“天花板”。青年律师成长最快捷的方式是什么?当然是“与高手过招”。你了解本地“高手”的办案模式后,只有不断参加办理外地的高质量案件,才能遇上越来越多技术各异的“高手”,才能在一次次的庭审实战中提高自己的业务能力。

为什么说“读万卷书,行万里路”?当然是通过阅读来学习他人写入文字的经验与智慧,还要通过走南闯北积累更多的社会阅历,遇见更多的业务专家,我们许多人局限在本地,没有见识到外地的法官、检察官和律师,没有见识新奇的案件与精妙的辩护方法,很容易自我满足。为什么说“夏虫不可语于冰者”?当然是因为夏虫没有经历过寒冬,这种直接经验是书本知识无法替代的。

跟外地律师合作办案,需要讲究“三原则”,青年律师更需要注意,这就是尊重原则、帮衬原则、回馈原则。尊重原则,是指你要给外地律师足够的尊重,即使你是业务高手,也必须谦虚谨慎,让他们在你面前得到尊重,在家属面前被认可。那种“过河拆桥”的律师,你难道只希望“一锤子买卖”吗?帮衬原则,是指本地律师与外地律师之间“优势互补”,需要你充当“绿叶”

的，也绝不含糊，此时你们是共同办案，帮衬他其实也是在帮助自己。回馈原则，有两重意思：一重意思是指，任何事情你都要与外地律师及时沟通、及时反馈情况；另一重意思是指，应该按照行业惯例支付给外地律师的合作费用不能打折扣。

我的案件有1/3是外地律师推荐的，他们都喜欢跟我合作办案。一则我有强大的技术团队，跟我合作办案你都不用操心案件如何办理，所有的法律文书我都可以全部高质量高效率完成，你想见识一下我的技术辩护如何操作，我也从不藏着掖着；二则我有一定的名气，收得起费用，一些青年律师推荐案件给我的合作费用，都可能比他自己全程代理都要高一截；三则我很注意尊重外地律师，你都可以先向当事人家属介绍说广东余律师是我的好朋友，然后去找余律师的联系方式，打通电话的那一刻，我则欣然接受我不会有任何拒人千里之外的傲慢，曾经多年的教师生涯让我懂得如何尊重身边每一个人，而且我有能力迅速发现并肯定对方的优势。

合作办案是青年律师成长最快捷的方式，遇上业务能力比你强的，你可以给他们打下手；遇上业务能力不如你的，你可以主攻，请他们配合。当你“相识满天下”，当你认识的朋友都愿意遇到法律难题时向你求助，当律师同行符合你特点的案件，必然会第一时间想到你，那么你认识的法律朋友都会成为你的人脉资源。

在青年律师成长过程中，合作办案是关键的一环。进入稳定期的青年律师更有条件让其他律师知道与你合作可以获得帮助，你需要让他们感受到强强联合的价值。

第二十四讲｜积攒人品

青年律师成长，稳定期最重要的任务是积攒人品，这也是他们顺利步入成熟期的过渡。如果说青年律师从生存期向发展期、稳定期转进，都可以单凭个人能力完成，那么要想进一步转入成熟期乃至品牌期，则人品不可或缺。

人品，本来是指人的道德品质。近些年随着网络语言的发展，人品成了运气的代名词。积攒人品，也就是给他人提供帮助来获得好运气。好的人品都是长期通过“赠人玫瑰”逐步积累的。大家为什么愿意帮你，为什么你走到哪里都能遇上好人、贵人？其中必然有因果，这些因果背后，就是你通过长期与人为善积攒的人品。

上次与黄冈中学的老同事在惠州小聚，一位师兄对我说，我总记得安平刚来学校工作时，给人的感觉就是爱说、爱笑、嘴巴甜、办事认真，你说这样的人谁不愿意帮他？安平经常说，他做学生时总是遇到一批好的老师、好的同学，做老师后又总遇到一批好的同事、好的学生，其实这是安平不动声色地在炫耀自己人品好，也是在夸奖身边的人都是好人。我说人品好确实给了我很大的帮助，后来改行做律师，我又遇到一批好的同事、好的客户，这才会每年都有经典案例，每年业绩似乎也不错，身边总有贵人相助，总有善良的人、优秀的人、有趣的人愿意跟我做朋友，我总能在遇到困难时得到帮助。

当你满怀善意看待周围的人和事，当他人需要帮助时，你提供“举手之劳”从不拒绝，当你对他人颇具个性的行为能理解和尊重，当你看到别人遇到风险总能提前示警或者引导他化险为夷，你会发现整个世界都对你很友好，你会发现你想要加入任何群体总会受到欢迎，因为你是一个给大家带来欢趣的人，是一个让大家感觉到安全与信任的人，是一个大家都想跟你做朋友的人。胡适先生当年凭借一句“我的朋友胡适之”走遍全天下，众人皆以结识胡适甚至成为胡适的朋友为荣。青年律师要最终从稳定期发展到成熟期、品牌期，更需要好人品的辅助。

青年律师具有好人品的必要性“前人之述备矣”，谁都希望“天下谁人不识君”，都希望遇到困难时总有人帮自己排忧解难。一个人的能力是有限的，一群人的力量才是无穷的。我们仔细观察那些从平凡走向卓越的青年律师，尤其是那些没有名校加持、没有名师交会、没有名家提携的草根律师能够快速成长，你会发现他们都有一个共同特点，那就是“性格好”。这里的性格好，既是让自己前行路上减少障碍，也是吸引更多的贵人来帮助他们。

你会发现有的律师总有人愿意跟他们交往、总愿意帮助他们，但也有律师不是缺少朋友就是被人用客气隔膜起来，这是为什么？这两种律师人品不同是重要原因之一。大家愿意跟某位青年律师交往，愿意帮助这些青年律师，必然有原因。同样地，大家愿意跟某位青年律师保持距离，对他拒之千里之外，也必然有理由。

子曰：“己所不欲，勿施于人。”一件事情你自己都不喜欢，当然不要强加给别人。你自己不喜欢性格粗鲁、行为乖张、办事拖沓、言语尖酸刻薄、遇事胡搅蛮缠，那么你自己也不要成为这种令人生厌的人。如果能够“己所欲，施于人”，那当然更好。能把与人为善、待人客气、办事认真、乐于助人带给周围的人，通过改变小环境逐步改变大环境，那么你会发现周围的环境因为你而美好，世界因为你而友好。

古罗马著名的军事统帅、终身独裁官路西乌斯·科尔内利乌斯·苏拉，不愿意元老院授予其“伟大的”或者“英明的”称号，而愿意接受“幸运的”称号，只有好运气傍身，才能在遇到困难时超常发挥甚至远离困难。苏拉确实很幸运，他本来远不是古罗马“战神”盖乌斯·马略的对手，却因为马略未能及时组建可堪一战的军队而被迫流亡，等到马略好不容易回到罗马城集结了军队准备讨伐，苏拉却突然病逝。

就像十六国晚期，北魏开国皇帝拓跋珪本没有实力对抗当时的“战神”慕容垂，但慕容垂第一次讨伐北魏时因为年迈派不懂用兵的太子慕容宝领军而遭遇惨败，第二次慕容垂亲征北魏时突然病逝而让连战皆败的北魏绝处逢生。如果慕容垂能够在北魏尚未最终崛起时及时讨灭北魏，拓跋珪能否活到慕容垂死后，一切都尚未可知。

好运气才是很难得的，青年律师更需要积累好运气，从而有底气从容面对各种困难。要让自己成为“幸运儿”，其实也不难，需要懂得如何积攒人品，懂得如何让周围的人对自己满怀善意，懂得如何让自己成为一个受欢迎的人。

处于稳定期后期的青年律师，业务能力、案源供给与社会交往能力，都没有问题，但要想让自己在律师群体中获得好评，能够让自己随时得到他人的帮助尤其是律师同行的帮助，则他的人品建设就必须摆在极其重要的位置。

如何积攒人品？其实做起来也不难，只要做到十二个字足矣，那就是“与人为善、接受平凡、真情实感”。

律师是一个崇尚理性思维的行业，法律是一种善业，青年律师应当与人为善。当我们善意看待周围的人和事，周围的人和事也会对我们回馈善意。无论是同事还是委托人，抑或办案人员，我们都应当发现他们的良善。

我多次在法院开完庭，都有书记员甚至法官向我咨询问题，这说明我们对他们有价值，而且我们在旁人眼中是一个善良的人，我们不会坑害他们，只会勤勤恳恳、认认真真帮助他人。大家都是干一份工作，只是社会分工的不同，能让他人感到舒服是一种品格，更是一种修养。

你看看，为什么有的律师外出办事，总有人给予他们帮助？当然是因为这些律师总是用他们的善意与诚意，赢得尊重。从不能欺、不敢欺到不忍欺，始于才华终于善良，这才是“我的朋友遍天下”的奥秘。稳定期的青年律师，你的才华大家都知道了，此时完全可以放下你的聪明才智，收敛你的锋芒毕露，换一种令人如沐春风的和善。我当初也把刑事辩护的“狂风刀法”换成“温柔一刀”，少了一些咄咄逼人的狂放，但多了一些入木三分的精准，办案人员更愿意接受我的意见。

步入稳定期的青年律师，他们的业务能力、沟通能力足以令人瞩目。此时可以更多展示自己的善意，他们会发现许多此前费尽九牛二虎之力还难以完成的交流任务，会在打开心扉后短短几句沟通中获得认可。周围的人凭什么愿意跟你交流？当然是因为你身上的诚意、善意让他们感到安全，让他们可以放下戒备，流露真情。

青年律师也需要接受平凡，知道自己只是一位普通人，而不是刚刚步入社会时的那种自视甚高，总有鹤立鸡群之感。当我们感受到自己只是普通人，此时我们才能坦然面对一切。当你坦然面对身边的事，你也会发现：原来允许自己没有那么优秀，过得更舒坦。

静下心来想想，这世界上有很多比你读书厉害的人，有很多做律师比你认真的人，但你却能从生存期、发展期逐渐步入稳定期甚至成熟期，凭什么？除了业务能力，当然是因为你的好人品、好运气，因为你的良善让他们看到了你的诚意。我们都是普通人，能够淡然面对每天遇到的人和事，每件事让自己了无遗憾，足矣。

接受自己的平凡，在生存期、发展期可能是大忌，因为青年律师此时必须让自己更快奔跑，才能在一群人中脱颖而出，顺利“打怪升级”进入下一个发展赛道。但在稳定期、成熟期，反而需要接受自己的平凡，紧绷的神经此时需要放松一下，健康快乐才是我们新的追求。你看看一些律师专家，总喜欢晒他们参加旅行、锻炼，逐渐喜欢品茶、出汗，所为何事？当然是因为他们发现自己需要放慢节奏，开始从“量的扩张”转向“质的沉淀”。

此时，修身养性越发重要。当你开始重视和谐，开始放弃争执，开始享受平淡生活，你会发现，原来许多纷扰都是因为我们过于执着。笑一笑，凡事看淡，少一些冲动多一分沉稳。

律师是一个务实的职业，珍惜实干也是我们的安身立命之本。青年律师在稳定期，追求的是真抓实干，喜欢的是真情实感，没有必要在形式主义上浪费时间和精力。

青年律师关注真情实感，这不仅让自己活得轻松自在，也让旁边的人不会觉得你在“演戏”。大家都是身经百战的职场高手，谁不懂你那点小伎俩小手段？还不如抛弃各种“做秀”，痛痛快快真真切切相处相交相知。越是高手之间，越回归自然。

积攒人品，需要真情实感，需要以平常心看待他人，需要有一颗善良的心。等到你能让周围的人都愿意跟你做朋友，等到任何对你不了解的人看到你的笑脸、你的善良都放下芥蒂，等到你成为一位有能力而有趣的人，给大家带来安全感与舒适感，还能帮助他人，你会发现世界原来如此美好。

经过数年的沉浸，青年律师终会发现人品好带来的各种顺利。“时来天地皆同力”，此处的时运看起来是偶然，其实是一种必然，因为你已经通过人品获得了解决难题的钥匙。好运气永远留给有准备的人，你已经掌握了人际交往的规律，这才有幸运之神的青睐。

下一步，就要进入收获期了，准备好了就继续出发。

第五编

成　熟　期

Maturity Period

青年律师进入成熟期后,更应该积极参加专业交流,学无止境,知识只有在交流中才能"增值",才能为更多的人提供帮助。

第二十五讲｜组建团队

青年律师成长，开局可能是个体律师，但熬过生存期、发展期、稳定期后，就必须成为团队律师。如果你一开始就是跟着团队发展的律师，那么此时也应该组建自己的核心团队，原来的团队更多是一种品牌共建、案源共享、技术共有的关系。青年律师此时不再是孤军作战或者跟着团队走，而是带着团队走。

团队是案源出现剩余的产物，青年律师进入了收获期，他的业绩已经不允许他继续单打独斗，而是必须把一些琐事交给助手。这些律师与助手之间的合作关系一旦稳定下来，这就产生了律师团队。青年律师要想不断提高服务质量，不再通过“粗放型”工作来保证业绩，那么他就必须有自己的团队。

早年一位律师问我，为什么自己的业绩这些年总是无法增长呢？我问了他两个问题。第一，你是不是每天都太忙，没有剩余时间？第二，你是不是主要代理熟人案件，而且都是些小案件？他回答说，是的。我说，这说明你的案件已经饱和了，你已经没有办法去研究新的问题、办理新的案件，因此你就出现了低段位的超级稳定。他说，那我应该怎么办呢？

我说，这个很简单，那就是你需要组建律师团队，要么找个助理把日常事务分给他，要么找个年轻律师合作，把小案件分给他，这样你才可以腾出时间研究疑难案件，从而提高自己的业务能力，才能突破“瓶颈”。我还问他，你目前1年办多少个案件？他说1年要办上百个案件，但案件收入基本不高。我说，你能不能自己办理其中20个相对而言质量较高的案件，把其他的案件都交给有案源需求的律师或者你的助理呢？

还有一次，我在广州交流，遇到一位李律师，他说他特别忙，1年要办理80多个案件，收入也就是刚刚达到我说的成熟期标准。我说，你1年办理这么多案件，哪里有时间休息，哪里有时间学习，哪里有时间交友呢？他说今天来听余律师分享，都是好不容易挤出来的时间，我确实很辛苦。

我说你能不能听我一句劝，从这80多个案件中调出20宗自己亲力亲为，其他的案件交给一位年轻的授薪律师，你来指导他办案呢？其实你这样操作，一则背后一个团队，可以把你从烦琐的日常工作中解放出来；二则你还能培养新人。其实很多案件并非没你不行，而是你太依赖自己的个人能力了。

从 2015 年开始，撰写法律文书的工作，我大多交给团队律师来执笔完成。我是文案律师起家的，擅长写法律文书。但我要培养新人，让团队律师去起草法律文书，我再花费大量的时间去提出修改意见，帮助他们完善法律文书。最初的半年，让他们写法律文书我来修改，确实不如我自己来写效率高。但经过一两年的磨合，整个律师团队的年轻人法律文书写作能力都上了一个甚至几个台阶，我终于可以从繁忙的法律文书写作中腾出手来，处理其他各种事务。

有律师朋友问我，余律师每年要处理那么多案件，还能保证案件质量，还能每天写文章，还到处去开讲座，还能晒办案之余的美景、美食、美文，听说余律师还能坚持每天 8 小时睡眠，你的时间是如何安排的？大家都是每天 24 小时啊，你是如何做到的？这不科学啊？我说这是因为我背后有个强大的律师团队，各种法律文书甚至讲课的 PPT 都是他们完成的，我只需要提出写作要求，然后提出修改意见。我的律师团队跟我配合非常默契，他们甚至没有参加庭审，只需要听我讲控辩双方的主要观点、我的辩护精髓，他们就能完成一份高质量的辩护词或补充辩护词。没有他们站在我身后，我哪有时间去读读书、写写文章、爬爬山、喝喝茶、见见朋友、讲讲课、带带娃？我每年也就能处理12个左右的案件，其他的案件主要由他们来完成。

你可以把自己的律师团队藏起来“秘不示人”，但你必须将全部案件信息对团队成员公开，并虚心听取他们的意见。你对外可以保持个性，但对内需要充分认识到他们对你的帮助作用。当然，我喜欢以诚待人，自己背后有个强大的律师团队，从来不需要藏着掖着，就告诉大家我有律师团队而且我的律师团队这些年参与了我的全部案件，所有的不起诉、撤回起诉、无罪判决、免予刑事处罚、缓刑、改变罪名轻判、二审改判等案件，都是他们努力的结果。我甚至认为他们最终都是要自己出来带团队的，只是时间问题，他们发展得更好我更欢喜。

青年律师组建团队，首先要知道自己组建团队的目的是什么。律师团队客观上当然能培养人才，推动律师行业的稳健发展，但组建律师团队的主观目的，必然是为牵头律师提供技术支持。你有剩余案源，你就可以养团队。有的律师名义上没有团队，但他与一些律师之间形成稳定的案件合作关系，例如这些律师主要办理他提供的案件，接受他的工作安排，这其实也是一种事实上的团队关系。一名律师的案件如果大部分都是你提供的，他接案需要你提供品牌支持或者技术把关，那么这位律师已经是你的团队成员，至于这些团队是公开存在的还是"散养民间"的，并不影响律师团队的性质。

青年律师组建团队，其次要懂得如何选才。你自己擅长的，可以指导其他律师来执行；你不擅长的，可以招一位能力特点与你互补的。你看我不是法学本科毕业的，我也没有在"公检法监"这些办案机关工作过，那么我选团队律师就要求必须是法学本科毕业的，而且有"公检法监"等办案机关工作经历的优先。至于你是不是"985"、"211"等名校毕业，我反而不是很看重，因为我们就是大学扩招前的"211"学校毕业的，我缺的是法学基本功与办案经验。张雪峰说得好，文科没有专业壁垒，只要你认真。我与曾越华、张继先、旷小明都是历史老师出身，但做刑事案件毫无违和感。你读过的书我们也读过，我们读过的书，你们不一定读过，我可以多一种理解法律知识方式。

你如果口才不行，那就需要招一位口才好的团队律师。你如果文笔不好，那就需要招一位擅长写作的团队律师。你如果缺乏某个小切口的专业知识，如对司法鉴定不熟悉,你可以招一位鉴定师出身的律师加盟。这些年法律职业资格考试要求法律专业,其实反而导致那些身怀绝学的其他专业人才被拒之门外。法律知识与其他知识相结合,往往更便于律师工作。当然,你需要比法律专业的律师更勤奋、更认真读书,或者说你需要付出 2 倍的努力才能体会到什么叫"文科没有专业壁垒"。

青年律师组建团队,还需要对发展定位有清晰的理解,对如何调动其他律师的积极性有长远的规划。许多青年律师组建团队,只是为了减少自己的工作压力,或者只是为了把自己从低质量的琐事中解放出来,或者是提高自己的行业美誉度,带个助理外出还是比一个人单打独斗似乎显得有档次。如果只是这种考虑,那么他找一个普通的律师助理或者授薪律师就行,并不需要提出太多的要求。法律本科的毕业生,通过了法律资格考试,他们完全胜任这种要求。如果青年律师有更高的要求,例如,你需要的是能支持自己在当地做一个强大的刑事辩护团队的律师,你就需要思考你找的新人该如何培养,他们如何支持你的专业化发展。此时你需要的是能够在当地形成"局部优势",这就需要你的团队律师能够支持你在技术上胜出普通的律师甚至胜出刑事辩护律师中的佼佼者。

青年律师组建团队，如果有更大的目标，例如，成为全国办案律师，你的团队就要与国内一线城市的律师团队竞争，这就需要形成自己的发展特点。在二线、三线城市执业的律师，步入了成熟期，必然在某个专业细分方向上有“一战之力”，要想与省内或者全国的律师“分蛋糕”，团队作业是必需的，而且需要招募很优秀的律师作为团队伙伴。要知道大城市那些毕业于名校的硕士、博士律师云集，优秀法官、优秀公诉人、优秀人民警察出来做律师，也是优先流向大城市，这就使中小城市的律师团队如果要面向全国，就必须有特殊的办案能力，团队招募的律师也需要有特殊才能。基层法院、检察院、公安机关的骨干出来做律师的，记者或者教师出来做律师的，这些都属于特殊人才，那些留在中小城市的业务高手，都可以成为面向全省乃至全国的律师团队关注对象。

青年律师团队不能忽视的就是分配机制，究竟是固定薪酬还是提成抑或“固定薪酬 + 提成”，就需要考虑团队成员的特点。根据我 9 年的团队建设经验，我认为对于刚入职的团队成员尤其是律师助理，应该实行固定薪酬制，并给他们购买社保。对于那些已经开始执业的律师，可以实行“固定薪酬 + 提成”制度，一方面固定薪酬让他们对团队产生认同感，毕竟需要承担团队的日常工作;另一方面提成制让他们更有积极性,收入与他们的业绩挂钩。对于那些已经成熟的骨干律师,可以实行提成制,他们的比例会更高一些,这也能让他们独当一面。

律师团队需要加入者对团队有认同感,不能把律师团队只是看成“案源分享小组”,那样就失去了团队的意义,反而成了一种过于商业化的雇佣关系。如果只是要求分案给他们做,那就没有组建团队的必要性,完全可以把剩余的案件转给其他律师,何必辛辛苦苦拉一个团队?

曾有一位陕西律师说,她的团队有些律师不积极,她该怎么办?我说很简单啊,你先找他们谈谈,究竟什么原因不积极。如果他们没有上进心与责任心,那么你还是去招募有荣誉感和责任感,积极寻求上进的新人吧。当然,你一定要让你的团队律师收益在当地同等平均水平之上,这才有吸引力,才能向他们展现跟着你一起发展的价值。

青年律师进入成熟期后,团队建设是其成长的必然结果。我们在帮助自己的同时帮助他人,从自己冲锋陷阵到带着他人斩将夺旗,才有薪火相传,才有稳步向前,才有角色转换。青年律师要想突破稳定期进入成熟期,团队是不可或缺的根基。

第二十六讲｜领悟道法

青年律师成长，发展到成熟期，就有必要向名师学习。如果说此前青年律师可以只关心“术”，那么此时青年律师有必要关心“道”。在技术性问题上，他们面前已经没有难题，这也意味着他们有条件、有能力，也有基础去领悟规则性问题，从而以道驭术。

“形而上”的学问如同中国传统文化中的“道”，例如法哲学；“行而下”的学问类似于中国传统文化中的“术”，例如办案方法。在法律人眼中，“道”属于认识论，应该如何看待法律现象，领悟现象背后的规则和本源；“术”则属于方法论，应该如何解决法律问题，找出有效解决的方法与技巧。本来法学教授关心的才是“道”，律师只需要关心“术”，但律师要想突破自身“技术局限”，就应当了解“道”，这就需要拜访名师，不断提高自己的认识论水平。

庄子说，以道驭术，术必成。离道之术，术必衰。孙子说，道为术之灵，术为道之体；以道统术，以术得道。这说明"道"才是技术的根本，"术"则是道理的应用。我们不仅需要"知其然"，还要"知其所以然"。对于各种具体的工作，不仅要知道如何做，还要知道为何做。

如果说做一位合格的律师，只要懂"技术"就行，那么做一位优秀的律师，就必须懂得技术背后的"道理"。生存期、发展期、稳定期的律师可以高举"案例为王""技术为王"的旗帜，声称"实战闯未来"，但要平稳进入成熟期乃至品牌期，就不能满足于"技术"和"案例"，而是需要转过头来，努力提高自己的法学理论水平尤其是法哲学水平，即"苦练内功"。

青年律师可以不是科班出身，也可以接受你的专业教育只是普通本科或者硕士，这对于你通过"摸爬滚打"的实战淬炼成为一名出色的专业律师是没问题的，而且你可以在律师业务上碾压那些没能及时熬过生存期、发展期或者稳定期的科班律师乃至绝大部分法学博士、法学教授。但你要想顺利步入成熟期乃至品牌期，为法学基础知识尤其是法哲学"补课"，就变得不可或缺。

青年律师的以道驭术，最重要的方式就是向名家学习。我们必须承认自己的不足，即使我们进入律师行业中5%的“塔顶部分”，也要清楚自己毕竟不是法学专家，此时如果有机会提高自己的法学专业修为，才是让自己更进一步最终迈入1%的“塔尖部分”的道路。

青年律师可以是“技术型律师”的拥趸，但仅仅是不断通过实战提高“技术”水平，很难突破自身极限。我们必须清楚，如果只会几项基本功，对例如刑事辩护的会见、阅卷、推演、约谈、询问、质证、辩论、申请“技术辩护八法”很娴熟，可以成为一名很不错的骨干律师，但要想为律师行业作出贡献，甚至推动律师行业的稳健发展，就有些力不从心，或者说“格局不够”。

记得我刚入行做律师时，我的老师就告诉我说，安平啊，我知道你是一个擅长学习的人，用三五年的时间你必然可以兼容各家专业技术，走出一条很不错的发展道路。但你毕竟法学功底不如那些浸淫多年的专家学者，如果你自己眼高手低就会很快遇到“天花板”。这件事对我触动很大，相当于学会了“独孤九剑”却没有强大的内功心法加持，也就能对付一般的高手，很难对付一流高手。

我在入职刚满6年时顺利进入成熟期，我自认为在技术层面已经小有成就，面对一般的案件我可以从容应对，我的“技术辩护”理论也是这个时间段与王思鲁律师交流后逐渐成熟的。我当时自称是刑事辩护的“火工头陀”，“偷学”的上乘外功极为强悍，但内功无法“偷学”而根基较差，而且我喜欢的是心地善良的“火工头陀”，这就使得我的刑事辩护少了几分霸道杀气，多了一些慈悲情怀。我的辩护“攻击力”可能不如苦大仇深的“火工头陀”式律师，但携带的“防护力”却可以避免风险。

律师对什么样的案件最有底气最容易正义感爆棚？当然是面对冤假错案，此时律师认为自己站在道德制高点上，是在为被告人平冤昭雪而战，是为推动法治进步而战。代理这种案件时，即使遇到这样或那样的困难，甚至面临被误解、被指责、被抱怨的压力，我们律师也有底气在这种案件代理中充分发展自己的专业能力。即使各方最初对律师坚持无罪辩护有意见，但只要律师能有理有据说清楚这个案件有问题，属于冤假错案，大家也会坚定支持律师的辩护态度，最多是要求律师注意方式方法、注意保护好自己。

有一起绑架案的当事人家属找到我，家属认为只要能保命，费用没有任何问题，还通过我们共同的朋友找到我，希望我能接受委托。我很直接告诉我的朋友与那位家属，这个案件其内心确信被告人恶性太大，为他辩护我过不了自己内心这一关。即使你找我的朋友强行要求我接受代理，由于我缺乏底气，我的辩护技术难以充分施展出来，不如找其他律师办理吧。

律师只有心中有道义感、道德感，认为自己是站在公平正义的一边，这才能充分发扬“战斗风格”，这才能正常甚至超常展示他们的业务能力。律师心中需要有道德约束，才能帮到他人、也帮到自己。律师只有在“帮忙”时，才有理直气壮。律师在“帮闲”时，往往缺乏那种“道德律令在我心中”的正义感和底气。

青年律师要想“以道驭术”，需要做到以下几点：第一，向名家学习，提高自己的学术能力与道德水准；第二，向好人学习，保持内心的一份纯良和坦诚；第三，多参与慈善活动，让自己懂得如何爱别人、如何被爱。

向名家学习，是因为这些名家有坚实的理论基础、有成熟的思想体系。这里的名家，包括在世的名家，也包括过世的名家，可以学习名家的法学、哲学著作。“内功心法”是很难偷学悟道的，必须要有名家的指点，懂得法律背后的哲学规律。有的人主张定期去寺院小住几天，这也是不错的选择，尤其是如果寺院里有那么一位精通佛法、知识渊博的高僧，可以交流如何领悟生活的道理、社会的道德、人间的道义。

向好人学习,其实是通过鲜活的好人好事引导自己向善。这里的好人,既包括身边那些乐于助人的普通人,也包括历史上那些留下好名声且经得起时间考验的先贤。此外,许多事迹存放在我们幼年读过的诗文里,每次拿出中学尤其是小学的课文总有一种熟悉感,仿佛一位老爷爷在教导我们如何做一个好人。

参与慈善活动,这也是保持自己一颗善心的有效方式。定期去参加公益活动,定期去社区、养老院、学校做义工,定期捐赠帮扶贫困儿童、贫困学生,都能让自己的心灵得到洗涤,灵魂得到净化。许多人建议去西藏净化心灵,其实如果你愿意参加慈善活动,只要你心无私念地释放你的真善美,则无处不是西藏。

青年律师成长,此时需要让自己对法律技术的追求上升到法律道理的层面。领悟道法,清楚法律不仅是一种规则、一种技术,更是一种包含着善意的制度与文明。法律是一种善业,无论是立法者、执法者还是司法者,都必须有善良作为根基才能有效运行法律。我们须知再好的法律,也要通过一个个具体的人来施行,这就不能脱离“道理”的统摄。

作为律师,我们把法律的技术能力推到极致不难,难的是要让这种技术能力建立在法律善业的基础上,领悟法律自身慈母般的关怀。那些自称“法律规定如此，我也没有办法”的人，看起来是在机械地理解法律规定，实则是道德和责任不足的表现。

第二十七讲 | 出版专著

青年律师成长,出版专著是展示阶段性成果。律师越走上专业化、团队化道路,越需要对外交流,此时能拿出一本法律专著作为手信,是很不错的选择。法律专著既能代表和展示律师的专业素养,也能向客户表达自己的诚意,值得推荐。

古人出外交流,"大者玉帛,小者禽鸟,以章物也"。律师外出交流或者是律师事务所对外接待,你总不能两手空空或者总是送工艺品吧?更好的方式是什么?当然是一本法律专著,尤其是很有诚意的法律作品,既能让客户愿意阅读,也能展示你的品位。"书籍是人类进步的阶梯",进入成熟期的律师,也确实有资格写一本好书。

王思鲁律师曾对我说,一名刑事辩护律师需要迈过三道门槛，才算进入一流水平，即拿到二审改判、死刑免杀、无罪判决案例。王律师还说，只有迈过这三道门槛的律师，才有写书的底气。进入成熟期的青年律师，基本都迈过了这三道门槛，此时写书有可以作为自己的小目标，总结一下自己这些年的成长感悟。

如果说讲课是律师很好的营销手段，那么写书是律师高端的营销手段。律师写书，出版法律专著，传播效率也许不如一些知名律师频繁在律师协会、大学、律师事务所等地讲课，但一本凝结着作者多年办案心血的法律著作，那是任何讲课都难以媲美的。在讲课时能晒出自己的法律专著，这是加分项。

律师出书有三大特点，即门槛高、品质好、影响大。我们出书，看起来门槛不高，网上各种帮你出书的广告随处可见。但律师出书，其目的在于宣传自己的办案能力，这就必须小心谨慎。如果你出的书不能保证质量，不是“天下文章一大抄”缺乏原创，就是老生常谈毫无新意，或者出现错误的观点，那么出书只能暴露自己业务不精的短板，宣传效果上必然适得其反。

青年律师之所以进入成熟期至少是在稳定期才把出版专著列为工作任务，这就是因为此时的青年律师在同行眼中已经属于佼佼者，他的作品有说服力，才能引起业内关注。如果一名律师还在发展期忙碌甚至在生存期挣扎,他就忙着出书,姑且不说他的知识结构与办案经验尚不成熟,就是他自身的发展效果尤其是他的业绩都难以让读者愿意买单。

如果律师自己都发展得很一般,如何帮助他人快速成长?律师讲课都需要真材实料,你不能讲授真实案例都会被鄙视,何况比讲课门槛更高的出版专著?这里之所以用“出版专著”,也是针对一些律师喜欢投机取巧,例如出版了几本诗集或几部小说,但这些最多能证明你文笔不错,不能证明你办案能力不错,潜在客户凭什么委托你?还有些律师出书缺乏诚意,拿出一本“法律汇编”自称是他的作品,例如,把某些罪名相关的法律法规、司法解释、裁判文书综合在一起。但这种出版不属于法律专著,他多是编者而不是作者,他的贡献多是方便律师同行查找资料。这种作品只能证明这位编者很勤奋,至于他的业务能力如何,无人知晓。

律师出书有相应的品质要求,至少需要你把自己办的案件“嵌入”其中。律师是实务行业,讲究的是办案实效。如果说法律学者可以只用他人的案例写自己的文章或者专著,那么律师必须有自己的案例才能写好文章或者专著。

法律学者本质上是知识分子,他们提供的是知识服务,讲课、写作本身就是他们的工作方式。但律师本质上是“技术工人”,他们提供的是专项法律技术服务,他们的讲课、写作等宣传,是一种吸引潜在客户的方式,最终目的在于促成案件代理。客户需要的是律师有帮他办好案件的实操能力,律师的口才、文才最终需要落实为办案技艺。如果你不会办案,你就是再会写书、再能讲课,对客户而言毫无意义。即使是律师团队的讲课律师、文案律师,那也必须引流,将案件交给办案律师,保质保量地提供服务才有意义。

青年律师出版专著,最简单的方式是出版经典案例集,高一年级的律师则是出版办案工作指引,再高一年级的是办案方法解析。当然,律师必须承认理论研究那是法学教授的“自由地”,即使律师是法学博士,理论探究也往往不及法学教授,除非你提供材料,法学教授提炼理论,你们合作出版法学理论著作。律师撰写纯理论的法律专著,有可能被理解为“不务正业”,除非你能先出版经典案例集、办案工作指引,再出版办案方法解析,最后出版法学理论探讨。

出版办案工作指引,例如,告诉别人如何开展“程序辩护”“技术辩护”,或者告诉别人如何会见、阅卷、推演、询问、质证、辩论、申请等,这对于行业专业化建设颇有裨益。如果说出版案例集只是“授人以鱼”,那么出版办案工作指引则是“授人以渔”。结合案例告诉读者如何办案,看起来是营销,其实更是一种公益,能够帮助更多的人。每次读到这些介绍方法的律师专著,我都心怀敬意。

出版办案方法解析,这就需要在工作指引的基础上更进一步,不仅告诉别人办案技术,更要解析相关罪名后的入罪依据、出罪逻辑。目前,刑法学者的作品是很好的办案方法解析,例如张明楷的《刑法学》。如果说法官、检察官阅读这本书大多讲如何"入罪",我们律师阅读这本书则是看如何"出罪"。青年律师能写前两种法律作品已经不容易了,要想写这种堪比《刑法学》的法律作品,确实太难,而且这种书籍不仅是法律实务的扛鼎之作,更是引领着法律实践的演进方向。

我不建议律师尤其是青年律师单独撰写法学理论研究的著作,毕竟术业有专攻,理论研究还是大学教授、研究学者有天然优势。青年律师如果能与法学教授合作写一本学理解释清晰甚至提出各种建设性立法建议的作品,那才是对整个法律行业的功德。

青年律师出书,最直接的效果是影响大。你能出版前三类的法律专著,尤其是知名出版社推出你的作品,这本身都是对你业务的肯定。你能出版一本很有诚意的法律专著,不仅是你自己的荣誉,也是所在律师事务所甚至所在律师协会的荣誉。许多律师会给律师事务所、律师协会或司法局赠送几本书，再给所在城市的图书馆赠送几本书，只要你写的书确实质量不错，这些受赠单位就会在各种场合提到你，这也是借助他们的平台宣传自己。

如果你的作品很受欢迎，律师同行很愿意购买你的书作为自己办案的工具。每次你出去办案，当地律师客客气气接待，然后掏出一本你的书要求签名，此时各种自我介绍都是多余的，在他们心目中你亦师亦友。如果你去法院、检察院办案，在沟通交流时，法官、检察官、书记员认可你的书，那么你的许多办案观点可能已经被办案机关采纳。

这几年经常有法律同行加我微信，通过后动辄发一张照片给我，原来是正在读我的书。我感叹说，古人喜欢以文会友，我们律师是不是可以“以书会友”？朋友们愿意看我的书，这本身都是对我许多技术辩护方法的认同。你去拜访律师同行或者与办案机关沟通，赠送一本你感觉质量不错的法律专著，这也是对他们的尊重。

青年律师出版一本法律专著，是对自己多年工作的总结与梳理，也是把自己的办案感悟留给他人。律师出版法律专著，尽量选择得到行业认可、有影响力的出版社。律师不要在乎花费了多少时间，要知道出版专著的利益是终身受惠的，法律人都知道知识产权也是一笔丰厚的财产。

青年律师进入成熟期，很有必要写一本或者几本法律专著。许多青年律师在各地开讲座，对如何办案、如何预防法律风险都有独到的见解，这些经验对律师同行有许多帮助。此时只要迈过了“三道门槛”，他们都应该出版法律专著，无论是把自己的案例整理出来，还是把自己讲座的内容修改出版，都是一件惠及全体法律人的公益事业。

喜欢出门办案或者交流的青年律师朋友，更需要在进入成熟期后写一本法律专著。馈赠亲朋好友、送给前辈雅正，彰显律师文人本色。当你的法律专著放在他人案头或者被一些图书馆尤其是大学图书馆收藏，你就懂得什么是“桃李不言，下自成蹊”。

第二十八讲 | 专业交流

青年律师成长，当你进入了成熟期，有了核心团队，也有了法律专著，此时专业交流就可以摆上桌面了。青年律师需要“走出去”，参加越来越多的对外交流，在业界拥有越来越大的名气。专业交流既是为了发现新的学习对象，提高自己的业务能力，也是为了把自己的专业素养推向各地，为律师行业的健康发展做出贡献。

青年律师进入成熟期，不仅有能力从事专业输出和外出交流，也有必要进行同行交往。青年律师从生存期到成熟期，按照每个阶段需要 2 年计算，也应该是执业满 6 年至 8 年左右，无论是知识积累还是社会阅历，在当地都是毫无疑问的第一梯队存在。当然，能进入这个阶段的律师都属于成功人士，如果是走技术路线的律师,则他们的行业地位比起顶级律师包括品牌期律师,也毫不逊色。

青年律师进入成熟期,有专业交流的必要性,也有专业交流的可能性,更有专业交流的现实性。如果说青年律师在发展最初的几个阶段应该以提高自身业务能力为主要目标,那么青年律师进入成熟期后就很有必要参加专业交流,这既是对自己专业素养的肯定,也是对律师行业的认可。

青年律师这个阶段参与的专业交流不同于早期的专业学习,他们更多的是对外知识输出。青年律师专业知识输出需要满足两个条件:第一,你的知识储备、经验积累让你有条件对外专业输出,有能力帮助那些律师同行或者法律爱好者;第二,你已经从业务琐事中解放出来,有时间、也有精力从事专业交流。你的团队可以承担你 90% 的日常工作,你就可以腾出手来从事那 10% 他们无法替代你办理的事情,这 10% 的工作就包括专业交流。

青年律师进入成熟期后,只从事 10% 的"高附加值"核心技术工作,专业建设是其中关键的一环,专业建设也包括专业交流。只有定期从事各种专业交流,才能让自己见多识广,不断突破自己业务能力的上限,最终形成自己的业务品牌。

青年律师此时有底气参加专业交流。既然有了多年的成功案例加持,而且通过合作办案积累了充足的人脉,那么就应该将更多的时间与精力用到专业交流上。我不太赞同青年律师尚未进入成熟期甚至尚未进入稳定期时就频繁参加专业交流,一则他们经验不足对许多过于精湛的技术难以理解,知识与阅历不足的青年律师很难正确理解和避免法律风险;二则他们难以分辨专业交流中哪些是真诚的方法传播哪些是包装巧妙的商业炒作,一些营销能力远超过办案能力的律师,很可能对那些定力不足的律师产生不好的影响。

许多办案经验成熟的资深律师,因为知道如何把控法律风险尤其是远离刑事风险,所以可以较为安全地充分行使律师的调查权证权利、检举控告权利。但他们有些人在专业交流中,往往只谈办案技巧的帮助性,不谈或者少谈办案技巧背后的风险性,甚至"神化"某些办案技能,这就导致那些经验不足的青年律师可能遭受风险。最典型的就是律师向证人、受害人取证的方法,用好了可以帮助办案机关有效查明事实,争取无罪或者从轻判决,用不好就可能构成伪证罪。我国每年都有律师因为伪证罪被立案调查甚至被判刑,这说明青年律师在工作中需要保证自己的执业安全。

许多主导专业交流的资深律师都喜过度包装自己，这就使他们的许多发言都有夸大的成分或者做了不合理阐述的部分。一些资深律师营销能力远超过他的办案能力，许多案件改判或者争取到无罪，并非他们的功劳甚至主要不是他们的功劳，一些青年律师因为分辨能力有限，又对主讲人有不切实际的崇拜心理，这就很容易产生误解、误判与误学。营销律师永远都只会说听众想听的话，让你觉得他们确实很厉害，其实每一宗成功办理的案件都是辛勤劳动的结果。

因此，青年律师参加专业交流需要慎重。即使人参“大补”，但病人也需要身体还行才能吸收，否则很容易从“补药”变成营养过剩的“毒药”。青年律师参加专业交流需要量力而行。只有你已经“打怪升级”，顺利从生存期、发展期、稳定期、成熟期一步步成长起来，这才可以放开手脚，享受专业交流。

成熟期的青年律师要尽可能多地参加专业交流，此时你已经有足够的风险防范能力与业务鉴别能力，知道如何从他人的专业分享中找到你想要的知识，转化为你自身的技能。即使遇上一位只谈他的办案成果不谈办案禁忌的律师，你也能从他的发言中找到安全有效的办案方法，你能读懂他没有表达出来的隐藏“后手”。此时遇到一位喜欢吹嘘自己如何能力超凡的营销律师，你也只能学习他的语言表达能力、文字组织能力与临场反应能力，而对他讲的那些神乎其神的故事，你更多的是作为“传奇段子”笑笑就好。

如果你能遇到一位真诚奉献办案经验的律师参与专业交流，那么这是你的福分，你可要认真学习他的真知灼见，了解他是如何有效说服办案机关、如何帮当事人合法争取最大利益的。“听君一席话，胜读十年书”，往往某位律师的观点让你茅塞顿开，对某个法律问题有了全新的理解。这种有益的专业交流当然是越多越好，能够帮助我们不断打开自己的视野，清楚如何才能更好地为当事人服务。

近些年，经常有进入成熟期的律师把参加专业交流作为自己的日常工作。无论是一些知名律师组织的法律文化游学活动，还是一些大学组织的专项法律培训活动，抑或律师协会组织的巡回讲座活动，甚至是一些知名律师组织了高端闭门会活动，只要你有机会参加，都不要错过。尤其是那些“小圈子”内部的闭门会议，组织方往往对参加者有较高的条件要求，但这些活动确实有不少货真价实的专业分享很值得大家学习。这些活动一定要想办法多参加，这才是律师界的“华山论剑”。

英国作家萧伯纳曾说过，“如果你有一个苹果，我有一个苹果,我们彼此交换,每人还是一个苹果;如果你有一种思想,我有一种思想,我们彼此交换,每人可拥有两种思想”。律师的专业交流也是如此,你提供你的法律思想,我提供我的法律思想,我们通过专业交流,从而使每个人都拥有两种法律思想。这两种法律思想与各自的办案经验相结合,就能融入我们的办案能力之中。

青年律师不能只做专业交流的听众,而是要积极站出来,做专业交流的积极参与者。青年律师如果有机会主讲当然更好,可以向听众介绍自己的办案经验与法律理念,可以接受与谈嘉宾的补充,可以接受听众的提问或者质疑,在大家的帮助下逐步完善自己。青年律师如果不是主讲人,那么也应该争取成为与谈人,或者至少要抓住机会向主讲人发问,让自己的思想与主讲人的思想发生碰撞,形成更加成熟的思想。

青年律师参与专业交流,不需要“藏着掖着”,需要直抒胸臆。坦诚胜过一切套路,越是与聪明人打交道越需要以诚相待,只有诚意才能换取诚意,只有尊重才能赢得尊重,只有信任才能获得信任。只有交流双方都很认真,这种交流才有意义,而不是被一些人带偏陷入“名利场”。

青年律师此时也需要为律师协会做公益活动,特别是参加律师协会专业委员会组织的各种讲座、培训活动。如果有机会加入律师协会的讲师团或者为律师学院服务，青年律师就可以为更多的律师同行提供帮助，让他们能够在成长中更少走弯路，能够支持他们以更小的成本取得更大的发展。

2017年，我加入广东省律师协会刑事法律专业委员会后，发现这里聚集了许多此前只能在网上看到的优秀律师。广东作为全国经济最发达、律师人数最多的省份，这里也有国内最多的刑事辩护律师，也有国内几乎最多的专业交流活动。中国的刑事辩护绕不开广东，广东的刑事辩护绕不开省律师协会的刑事法律专业委员会这群精英，跟他们在一起就有更多的学习进步机会。当时惠州只有两个名额，我能顺利加入这个委员会，让我很珍惜、很满意。

如果说最初的几年我主要是作为听众，去学习郑剑民、李桐样、马成等律师的专业分享，那么后几年我也从接受知识转向对外输送知识，借助律师协会平台讲授我的无罪辩护、技术辩护经验与专业建设、团队建设心得。这几年我更是走出广东走向全国，应各地律师协会及律师事务所的邀请，在办案之余或出差途中与大家进行专业交流。我对外交流进入了“点菜”阶段，只要你告诉我你想要听哪个话题，只要你提前一天让我安排团队律师做好PPT,我都能如你所愿讲好一堂课。

正是因为近些年频繁地参加专业交流,我见到了大湾区顶级律师是如何办案的,见识了他们如何说服办案机关的,接触了许多“未足与外人道也”的重大疑难案件,看到了他们如何寻找辩点。一些国内知名律师和最高人民法院法官,也在省律师协会这个平台上与我们做深入的交流,让我们知晓许多举国关注甚至影响历史的案件是如何提起再审、如何纠正错误、如何推动相关司法解释出台或者法律改进的。

青年律师进入成熟期后,应该积极参加专业交流。学无止境,知识只有在交流中才能“增值”,才能向更多的人提供帮助。我们不需要给自己设定限制,只要是真诚的,只要有实际感受,只要能给我们的发展提供借鉴,只要能帮助更多的人学会如何更好地办案、更好地安全执业,这种专业交流就是有价值的,也是我们应该做的。

律师行业的发展需要大家的共同努力。进入收获期的青年律师需要在专业交流中扮演更重要的角色,为律师行业的健康发展承担更多的责任。

第二十九讲 | 关注风评

青年律师成长,越成熟越有影响力,越需要关注风评。青年律师在执业的最初几年,可以"发展压倒一切",偶尔有些冲动甚至莽撞都是可以理解的。不过,当青年律师进入成熟期,在业界已经有了一定的专业地位,那么他们此时就需要爱惜自己的羽毛。助理期、生存期、发展期、稳定期、成熟期,每个阶段需要 2 年时间,也有的要 8 年到 10 年,何况绝大部分青年律师很难只有 2 年就可以顺利通过每个阶段。

90% 甚至 95% 的青年律师可能进不了成熟期,能进入成熟期的律师,都是在律师事务所或律师协会拥有一定地位的骨干力量。他们已经完成了积攒人品、组建团队、出版专著、专业交流等工作,业务能力已经毋庸置疑。此时他们需要给自己提出更高的要求,那就是关注风评，树立好自己的行业形象，尤其不能留给旁人指责自己的口实。青年律师只是“江湖后生”时，偶尔犯的错误可以理解，谁没有年轻过？但青年律师执业多年拥有较高的社会地位，此时他们就应该“严于律己，宽以待人”。

每个人都是在他人的评价中成长起来的。当你处于幼稚期，技不如人时，当你跟上来了，略微超过他人时，他人都有可能给予你负面评价。当你业务能力全面碾压对手时，他人可能肯定你甚至吹捧你。但即使你业务能力领先他人一大截，当你不注意风评时，很容易引人非议。因此，青年律师越是发展很不错，越是进入高光时刻，越要谦虚谨慎、严肃认真，避免自己的许多无意之举伤害了他人。

马未都先生说，一个人的成功需要过“两关”，即“谣言关”与“脏水关”。我们律师也是如此，没遇到谣言，没有被“泼脏水”，说明你还不够知名，或者说大家对你的“故事”不够关心，也说明你还不能为他人增加流量、贡献话题。这些年，一些短期内成名的律师，用三五年走完他人十年甚至二十年才能走到的路，很容易迎来谣言与脏水。能扛过去，他们的发展可以更上一层楼。不能扛过去，也就增添了大家茶余饭后的谈资，甚至成为反面教材，提醒其他律师小心提防。

我早年做律师时，一些资深律师对我的许多做法很不认可。他们心目中的律师，应该是“静候花开”坐等客户上门，或者是通过亲戚朋友推荐办案，低调、恭敬、内敛、沉稳才是律师的样子。我改行做律师的最初六七年，竟然动辄制造话题引起关注，甚至把自己的特点宣传成青年律师的基本功。执业二三十年的律师前辈都懂得相互谦让，你一个入职没几年的年轻人，就因为运气好拿到了无罪案例、死刑改判案例，就敢以“无罪辩护律师”自居，就敢写文章总结办案经验，这岂不是不知天高地厚？

有些人想从我不是“科班出身”寻找我的短板。一则我从不掩饰我是华中师范大学历史系毕业的，而且曾是湖北黄冈中学的历史老师；二则我的法律文书写作确实不错，每年都有成功案例尤其是无罪案例拿得出手；三则律师事务所的杨择郡主任等亦师亦友的律师帮我做了很多解释，这些足以证明我可以取长补“短”

虽然我在文字中很犀利甚至网络论争中不胜不休，但现实生活中我温文尔雅，而且从小嘴巴甜、听人劝。许多待人接物的方法，许多人情世故，我曾经也许不懂，但我有察言观色和当场学习的能力，也有贵人相助的好运气。

青年律师需要赢得同行的认可尤其是得到律师前辈的好感,需要关注风评,至少要让他们清楚年轻人只是做事的方式方法有些不同,本质上是好的,是追求进步的。2016 年 8 月,我策划并主持"审前辩护论坛"后,就有律师前辈告诫我要做到谦虚谨慎和低调。一线办案律师尤其是骨干律师,要让律师前辈看到我们请教和学习的诚意与敬意。

资深律师对青年律师有疑虑,我们可以解释为"我可能没表达清楚,被前辈误解了,其实我是这样想的"。执业多年的律师,青年律师对他们态度友好,十有八九都不会有问题,谁不乐见有一个能力很强、发展很好的后辈对自己很客气很尊重?律师前辈对自己没有什么不好的印象,或者有什么疑问都可以顺利解决,青年律师会得到很多帮助,发展得更快。

进入成熟期的青年律师,对其他青年律师要谦和,多交流走动。如果其他青年律师向你求助,要认认真真予以回复,即使正忙着也应该有空暇及时回应。如果老同事、老朋友组织活动,你有空一定要去捧场,这既能增加你的人气,也是对他们的支持。

另外,进入成熟期的青年律师,既要以优秀资深律师的标准要求自己,又不能摆出一副"律师大佬"的派头。如何拿捏分寸,这里确实需要经验智慧。但我们可以用一句话引导自己,“让人舒服”就是标准。2016年以来,我逐渐改变了从前张扬的性格,开始变得内敛。对于新来的实习生,我热情有加,给人和蔼可亲的感觉。任何事情只要你问我,只要我知道,我表示“举手之劳,从不拒绝”。这些年我不知道给多少律师同行介绍过看守所的位置、办案机关的联系方式,甚至一些律师订房订餐都问我。疫情期间,惠州律师只要对外地看守所的会见政策不熟悉,第一反应就是找我,我就说不知道也会去帮他们问清楚。

青年律师成长,需要关注风评,需要有较高的道德素质。青年律师需要爱惜自己的风评,良好的风评往往是客户在同等条件下最终选择你的原因。要做到道德上无可挑剔很难,但在关键的环节必须让自己不被指责,这是对自己的保护,也是对他人的尊重。律师业务能力越强,越能影响他人,此时就需要约束自己,作风正派,给人以安全感。

第三十讲｜提携后辈

青年律师成长，从成熟期迈入品牌期，需要懂得提携后辈。许多青年律师发展不错后，只愿意发展自己，这就使薪火相传变成“人走茶凉”。青年律师成长，此时需要从自身的团队思维跳出来，目光所至是整个律师行业的健康发展。提携后辈，既是青年律师在成熟期的收官之作，也是为升级跨入品牌期的伏笔之作。

青年律师在成熟期的最后阶段，提携后辈需要提上议事日程。他们需要考虑到自己终究会老去，该如何保证律师团队的健康发展。人的精力是有限的，他们终究需要从前驱的位置换到中军的位置，他们需要新锐力量承担起冲锋陷阵的职责。此时，帮助后辈成为新锐力量，帮助后辈扛起大旗，这才是即将步入品牌期的青年律师需要面对的新问题。

早年去云南昆明参加毒品辩护论坛，遇到一位当地的知名律师。我建议他提携后辈、培养新人。一则人到中年甚至到了知命之年，已经过了身体状态最佳的年纪，继续每天奔波全国办案，体力支撑不起你的工作热情；二则你有一套行之有效的毒品辩护方法，岂能因为你逐渐退出办案一线而让这些精妙的办案技巧失传？你多年的经营获得来之不易的经验与心得，岂不后继无人？三则刚入职的年轻人也需要有人帮忙、在旁边指引，你明明有能力帮一把，岂能眼睁睁看着他们苦苦挣扎？

这位律师朋友说，余律师说得也不是没有道理，但提携后辈太累了，我宁可直接拉几位年轻的执业律师，让他们帮我干活就是。这位律师说，我知道余律师是希望我带徒弟，其实我不愿意做他们的师父，更愿意做他们的老板。他们能领会我的意思，我就继续分案件给他们。他们不能领会我的意思，我就随时换人，找下一个年轻律师与我合作。带徒弟有太多的私人感情，总希望他们能够成长起来独当一面。不带徒弟不需要私人感情，我们之间就是简单的雇佣关系，“合则留，不合则去”，我只需要对我的客户负责。

我说，如果你只是把律师看成职业，而且你的目标就在于如何最有效把你的案件办好，团队成员律师的发展状态“各有天命”，那么你不愿意带徒弟、不愿意提携后辈，这是最理性的选择。但如果你希望自己实用的办案方法能够传承下来，希望自己能帮到更多的律师同行，希望能够把律师看成体现自身价值的事业，那么你确实需要培养徒弟。这位律师终于被我说动了，开始尝试带徒弟，这几年听说逐渐发现了其中的意义与价值。

早年我的老拍档章利兵律师不喜欢带徒弟，他认为带徒弟太辛苦了，要自己逐渐去打磨，哪里有那么多闲工夫？有案件不如找年轻的执业律师合作，照样能够协助自己办案，而且对这些年轻律师的发展不需要承担道义责任。他的这种做法，我是受益者，我能承接一些他的“剩余案件”，帮助我顺利熬过最初的起步阶段。

但 2014 年前后，章利兵律师就发现只有松散的合作拍档远远不够，需要培养跟自己关系密切的团队律师，尤其是要把他们看成自己的徒弟来培养。章律师对“大弟子”倾注了最多的感情，“大弟子”也逐渐成长为他在劳动案件领域的独立助手。等到章律师积累了一定的培养经验，终于连续培养出 3 位徒弟，他们不仅扛起环境保护案件的大旗，而且在综合企业服务方面取得令人瞩目的成绩。就惠州的环境保护法律服务业务而言，章律师与“三大弟子”组成的团队处于绝对优势地位，甚至在珠三角也有一席之地，偶尔还能承接外省的环境保护法律服务业务，可见他的“师徒模式”的确很成功的。

律师带徒弟与带助理，形式上是一样的，但实质上却存在着天渊之别。律师如果是带助理，其实很轻松，那就是简单的“老板”与“员工”的关系。律师给自己的助理（包括授薪律师）提供案源，交给他们处理，要求他们保证质量完成。律师没有交给助理如何提高办案能力的义务，也没有帮助他们成长的道义责任，助理能胜任他们交给的任务，每个月约定的收入必然顺利到账。助理如果不能胜任他们交给的任务，就可能被指责甚至辞退，“要么你换思维，要么我换人”。

律师带徒弟就很不一样，他们之间不是雇佣关系而是带有师徒感情。古人说“一日为师终身为父”，这种师徒感情也类似于亲属之间的感情。助理办事不力，律师老板不会有任何精神压力，直接换人就行。徒弟办事不力，律师师父会很认真地教导他们该如何办案。既然你是找徒弟，那么你就有提携后辈的职责，就要为他们的发展承担起道义责任。谁都希望自己的徒弟出人头地，谁都希望自己“桃李满天下”，谁都因为自己的徒弟发展不错而感到与有荣焉。

我当初做律师，王水文律师就是把我当成徒弟培养，无论是做事还是做人方面，都对我有诸多提点。多年以后，我也开始在业务上独当一面，甚至有了一定的社会影响力，但我对王律师一直执弟子之礼。我虽然有些眼高于顶甚至倔傲不逊，甚至有人说律师事务所近200名律师，但真正能劝得住我的不超过5人，其中必定包括王律师。我笑笑说这个自然，“一日为师终身为父”，王律师的意见我基本都要听的。

我从2015年开始“带徒弟”，“技术辩护风格”逐渐自成一派。我从来都是对王律师毕恭毕敬，每次去总所办事我都要拜会王律师。即使我与一些律师同事有分歧，只要王律师找我谈谈，我基本都会放下成见，多一些包容。如果是分所与总所之间一些重要话题需要交换意见，王律师参加则更容易促成大家之间的亲密合作，要知道分所管理团队3名律师有2名出自王律师门下，这就是人格的魅力与师徒感情的交融。

上次去广州参加省律师协会各委员会主任、秘书长培训会，休息期间就与广州、深圳的律师朋友交流团队培养。他们告诉我说，他们已经不再带徒弟了，甚至带助理都不愿意，而是直接找年轻律师合作。广州、深圳的大型律师事务所里，毕业于“985”、“211”学校的年轻人有很多，他们严重缺少案源，只要给他们一定的费用,就可以购买他们的优质服务。我问他们,如何付费?律师朋友说,本科月薪由6000元增加到7000元,硕士增加1000元,博士增加3000元。我听了倒吸一口凉气,一线城市的青年律师成长如此艰难吗?进入成熟期甚至进入品牌期的青年律师,就不能给后辈一些提携吗?

律师朋友说,现在"僧多粥少",年轻的优秀律师源源不断涌入大城市,大城市发展还不错的律师则可以优中选优,找几位青年律师帮自己做事。他们能熬下来,那就继续合作。他们如果不能熬下来,可以再招新人。

我感叹说,你这种市场化高度发达的现状,确实让我很不能接受。律师就不能多一些温情脉脉?就不能相互帮助?成熟的律师就不能多一些提携后辈?律师不是商人,不应该以赚钱为最终目的,应该以不断提高服务质量从而帮到更多需要帮助的人为最终目的,收取律师费只是自己提供优质服务的回报。律师如果完全商业化,极有可能变成唯利是图的群体,眼中只有敌我没有是非对错。

我这些年进行团队建设,在年轻人的入职面试中就提出我招的是徒弟而不是助理,如果他们只想跟着我尽快拿到律师执业证,而不是跟着我学习如何办案,那么意义不大。我需要的是有做律师的理想,愿意跟着我学习办案技术的年轻人。当然,他们执业后只需要跟着我 3 年,这 3 年的时间我能保障把他们从助理期推入发展期,他们也无须担心生存问题。如果 3 年后他们想继续留下来,而且我也缺人手,那么我们可以继续合作。如果他没有独立发展的想法,我当然表示理解和支持,也希望我的技术辩护模式被更多的人了解并用于司法实践。

青年律师即将进入品牌期,他们提携后辈也不限于带徒弟,还包括帮自己的团队培养人才与储备人才,以及对年轻后辈给予支持与关切。青年律师面对刚入职甚至入职多年却一直难以实现业务突破的新进律师,应该多一些爱护,引导、协助他们少走弯路,让他们顺利熬过最艰难的生存期。此时帮助他们,既是对后辈伸出热情的双手,也是对自己价值的升华,我们可以更多享受帮助他人的快乐。

如果青年律师早年得过其他律师前辈的恩遇,那么他们应该把这种恩遇传承下去,对得起那些曾经帮助自己顺利熬过生存期的先行者。如果青年律师早年是靠自己野蛮生长走出来的一条发展之路,如果他们尝遍了孤独前行的那种苦楚,那么他们应该将心比心,帮助后辈避免重复自己昨日的那些痛苦,能够帮助他们多一些从容,少一些委屈。

青年律师成长，提携后辈是从成熟期迈向品牌期的关键一步，这也是青年律师能否超越自己、稳步前进的关键一步。青年律师能进入成熟期，已经超越了90%的普通律师，此时要想进入品牌期超越99%的律师，就需要在帮助后辈发掘他们潜力的同时，让自己更加心安、更加从容。此时，青年律师的业务发展已经不再有技术障碍，甚至他们办理案件不再存在资源难题与专业壁垒，只有心理障碍。要想最终突破发展之路上的心理障碍，就需要帮助一批充满热情的年轻人，让他们把自己的工作理念传承下去，从而一步步走向完善。

青年律师需要给年轻的后辈提供支持，这样做会使我们的生活更有意义，使我们的工作更有价值。让我们借助后辈的双手创造更多的知识财富，帮助更多需要律师提供优质服务的人。

第六编

品　牌　期

Maturity Period

律师与办案人员、法学专家只是分工不同，他们都是法学大厦的建设者。

第三十一讲｜重视兼职

青年律师成长，从成熟期进入品牌期，第一件事就是要重视兼职。青年律师的发展日臻完善，进入品牌期意味着需要为别人赋能，他们更多的是作为品牌的贡献者出现，而不再是作为品牌使用者或借用者出现。此时，他们需要重视兼职，为律师行业服务、为律师后辈服务。

如果说青年律师熬过生存期就已经超过了半数的同行，青年律师跨过发展期则进入律师行业“二八原则”中“二”的部分，那么青年律师进入品牌期则已经占到了律师行业1%的金字塔顶层。青年律师在这个阶段，不再是考虑自己如何“跟着走”，而是需要考虑如何“领着走”，因为他们已经成为绝大部分律师眼中的“大咖”。他们出来担任一些重要职务，从而帮助其他律师并推动律师行业的健康发展,是很有必要的。

经常有律师认为自己“淡泊名利”,不愿意在律师协会任职,也不愿意在法学会任职,更不愿意担任人大代表、政协委员。如果说青年律师尚在发展期、稳定期时担任这些社会职务确实更多是“借力”而不是“施力”,那么发展到成熟期尤其是品牌期的青年律师,确有必要出来任职,推动整个律师行业的品牌建设。出来为律师同行服务,这不是追逐名利,而是关心行业发展。

青年律师进入品牌期,他们需要考虑的不应该只是自己的团队或者所在的律师事务所,需要放眼全行业,应该关注全领域的需求。青年律师早期发展时,可以更多注重自身发展,毕竟生存与发展才是他们的中心任务。但青年律师进入发展后期时,需要有情怀与格局。他们需要以律师行业为己任,需要帮助更多的人。此时他们的言行不是代表自己,也不是代表团队,而是代表着律师行业,需要更慎重,把更多把时间花在兼职上。

青年律师成为行业品牌的承担者,需要付出许多。他们的业务能力已经不再是大家关注的重点,他们所在的律师团队已经承担起法律服务的职责,此时他们需要的是在不同的社会组织或国家机关中担任职务。

律师不再是他们“为了生活”的工作,而是他们实现社会价值的角色。能力越强责任越大,他们的一举一动都成为整个行业关注的对象。在尽量多的组织中兼职,也是众望所归,为这些组织发挥更积极的作用。

青年律师在这个阶段,如果有机会应该在律师协会担任重要职务。无论担任市律师协会的会长、副会长,还是担任省律师协会的各委员会主任、副主任,乃至在中华全国律师协会担任各委员会的委员、副主任,都是进入品牌期的青年律师应该做的。借助律师行业的平台,为更多的律师服务,他们正当时。担任律师协会重要职务需要有时间也有能力,更要有热情与公益心,品牌期的青年律师恰恰这些都不缺。当许多律师还在为生存而辛勤劳动时,当许多律师还需要在团队随时待命时,进入品牌期的律师可以从容面对律师协会的各种社会性工作,为客户、更为律师行业贡献自己的热情与力量。

此时,青年律师已经是律师行业的标杆,他们的个人影响力已经超出了所在律师事务所甚至所在城市。如果说许多律师为了学习或者结识更多的潜在客户而担任律师协会的职务,那么进入品牌期的律师则是为了帮助其他律师提高业务能力与安全防范意识而担任律师协会重要职务。律师协会的相关委员会因为他们的加入而得到公众的广泛关注，因为他们的引领作用而发展壮大，因为他们的支持而承担起越来越多的社会责任。

一些人对律师协会的行业作用存在误解，也是因为一些有能力、有热情、有担当的律师尤其是作为行业品牌的律师，没有主动站出来，发挥积极建设作用。律师协会的四大职责，即律师维权、专业培训、行业宣传、纪律监督。高素质的律师需要挺身而出，承担起这些职责，为大家做贡献。普通律师忙于生计或者对这些服务"心有余而力不足"，资深律师往往精力不济，恰恰需要进入品牌期的青年律师牺牲自己的闲暇时间，以律师行业的发展大局为重。只有越来越多的优秀律师担任律师协会的重要职务，才能有效减少普通律师对律师协会可能存在的偏见，才能让律师协会真正为全体律师谋福利，才能让广大律师感受到律师协会对大家的关爱。

青年律师也要珍惜在法学会等研究性社会组织的兼职，例如，担任法学会的理事或者专门法研究会的主任、副主任等职务。这些从生存期、发展期一步步迈入成熟期、品牌期的律师，有丰富的办案经验，他们相较于专职研究员、大学教师更"接地气"。法学当然需要理论探讨，但法学必须运用于法律实践，而一线办案律师最清楚法律“制度设计”在现实生活中存在哪些不足，从而去改进法律理念、去完善法律本身。

中国法学会是中国共产党领导的人民团体，是法学界、法律界的全国性群众团体、学术团体和政法战线的重要组成部分，是党和政府联系和团结广大法学法律工作者的桥梁和纽带，是加强社会主义民主法治建设，推进全面依法治国、建设社会主义法治国家的重要力量。法学会的许多优秀会员，都是法官协会、检察官协会、警察协会或律师协会成员，这也意味着青年律师在法学会任职，更便于推动律师行业与法官、检察官、侦查人员关系的优化。青年律师把自己对于法律建设的一些先进理念与良好创意，借助法学会平台与办案机关顺畅沟通，有利于法律职业共同体的发展。

建设法治国家，需要政法机关，也离不开律师队伍。律师如何发挥“在野法曹”的积极作用，如何与政法机关开展行之有效的沟通对话，如何将自己的工作感受与经验知识沉淀下来，法学会是不可或缺的重要平台。迈入品牌期的青年律师，更适合通过法学会这个平台与政法机关良性互动，他们的经验与精力都处于巅峰状态，当然更能发现问题、解决问题、改进方法，更好地为人民服务。

如果说律师协会仅是律师参加的行业组织，那么法学会则是全体法律工作者都可以申请参加的群众性组织，横跨了体制内与体制外的全部法律领域，这也就为律师传递自己的意见、想法、观点、研究成果传递提供了合适的途径。处于品牌期的青年律师，代表律师行业与体制内的法律工作者进行思想交流，提出建议，能更好地体现法律人的专业素养，为科学立法、严格执法、公正司法、全民守法贡献来自社会基层的鲜活案例与现实声音。

青年律师还应该积极担任人大代表、政协委员，参与立法、参政议政。青年律师步入品牌期，他们有足够的技术能力提出高质量的立法建议，他们也有相应的大局观念考虑到社会发展的综合平衡。他们有更加丰富的知识素养与工作经验，清楚人民群众包括律师群众关心什么、偏爱什么、厌恶什么，能够为使我国的立法行为更符合人民群众的真实需求贡献自己的智慧。

我曾抱怨一些城市的高铁布局不科学，例如，没有让南北向与东西向的高铁在火车站交会从而形成交通枢纽便于换乘，也没有像长春、郑州等城市那样高铁站与机场并站从而实现高铁和航空的无缝对接，结果一位担任政协委员的律师对我说，余律师应该通过人民代表大会、政治协商会议这些组织为民生福祉鼓与呼，而不只是抱怨。他说，我们城市本来高铁在城区没有站，是我与一些担任政协委员的律师共同提出议案，论证在城区设置高铁站的必要性、可能性，最终在两会上通过，变成决议。这位律师还说，我们律师尤其是有责任心有服务意识的青年律师，应该主动担任人大代表、政协委员等职务，提出各种关系民生、关注民意的议案，为科学决策、依法治国作出力所能及的贡献。

一位担任人大代表的律师朋友，准备为保障民营企业发展提出地方立法建议，组织了几位律师共同讨论，还邀请我帮助润色议案。他们对办案机关查封企业财产、收监企业“董监高”、企业经济处罚等方面提出建议，认为能够在法院作出生效判决前可以限制涉案企业财产转移但不能影响正常经营或正常买卖、企业经济处罚需要限制处罚比例不能造成企业经营困难等。我感叹说，这些青年律师太有责任担当了，他们用聪明才智在保证涉案企业正常经营，这是保障企业主的利益，也是保证企业劳动者的利益，还是保护社会财富的正常流转与使用。律师虽然不是企业经营者，但他们知道如何保证企业通过诚实劳动、合法经营保值增值，知道如何平衡国家、集体、企业与个人的利益，他们的许多提议能反映市场经济建设的要求。

那几年“行人先行”成为社会热议话题，几位政协委员朋友说想听听我的意见。我说“行人先行，不如添置红灯”,结果他们要求我代为起草一份建议报告。我说行人的路权与车主的路权应该平衡,在人烟稀少的区域可以“行人先行”,保护行人的有效通行权,但在人口密集区实行“行人先行”就可能导致行人络绎不绝过马路而堵塞车辆交通,此时应该添置红灯。这个意见很快通过电视台的访谈节目被重视,也得到积极响应,一些人流众多的繁华路段,“添置红灯”取代了“行人先行”,很快改变了过于强调行人路权造成交通频繁拥堵的现象。

青年律师需要有社会责任感,这也是品牌律师应该为律师行业、人民群众多做的事情。既然这些进入品牌期的律师已经不需要把大部分时间花在工作上,既然这些律师有充沛的精力去思考工作之外的社会进步问题,既然他有足够的影响力和人脉资源去推动行业发展与公益事业完善,他们就应该重视社会兼职,借助这些社会组织的力量,帮助更多需要帮助的人。

一些律师朋友从专注办案到重视兼职的转变背后,何尝不是从追求自身经济收益升格为追求自身社会价值?如果优秀律师包括迈入品牌期的青年律师都不愿意出来担任社会职务,只关心自己的律师团队、自己的业绩收入;如果优秀律师不能承担起提高律师专业素养的职责,谁来助推律师行业的发展大业、进行公益建设?

青年律师进入品牌期,需要心怀天下,需要有一份事业心,才能推动律师行业不断发展。青年律师进入品牌期,要追求价值实现,而不是局限于自己眼前的"一亩三分地"。

第三十二讲｜引领行业

青年律师成长，迈入品牌期意味着进入了律师群体1%的“尖兵”序列，他们存在的价值应该是引领行业。无论在律师事务所还是律师协会甚至所在城市的法律职业共同体中，他们需要当仁不让做行业发展的推动者。

青年律师进入品牌期，与此前最大的不同就在于他们的行业地位完全不同于其他律师，他们在各领域已经是行业标杆的存在。只要说到某个城市的律师甚至某个省的律师，总有那么几个律师在专业素养上让人油然而生敬意。如果这些律师尚处于青年律师时期，例如不满40周岁或执业不满15年，那么他们令人钦佩，他们也更有能力引领律师行业的发展。近些年，有一些青年律师突然声名鹊起，我们只看到他们做律师这几年的“薄发”，忽视了他们做律师前尤其是学生时代的“厚积”。

上次一位律师朋友转所去一家新成立的律师事务所，该律师事务所不把他看成“转所加盟”，而是看成“人才引进”，一去就给他高级合伙人名分，还让他挑选职务。

朋友问我有何见教，我说，第一，你先不要接受律师事务所主任这样的职务，年后你能带领团队“高质量发展”时再说；第二，你作为刑事品牌律师，要帮他们成立刑事部，还要用2～3年的时间打造刑事部集体品牌；第三，你要形成一套规范的接案、办案、结案、宣传、风险防范工作指引，能够吸引一批年轻人愿意加入刑事部还能够保障不错的生活；第四，你要想想几年能帮这家律师事务所拿到全省优秀律师事务所荣誉称号；第五，你要帮助那些有志于专业服务的律师加入律师协会刑事法律专业委员会。

朋友说，你要是这样说，看来我确实要做点事，不能“躺平”。我说，你无论留在原来律师事务所，还是新加入一家律师事务所，你都要让律师事务所的同事尤其是后辈律师感受到你在给他们赋能。你虽然年过半百，但你执业尚不满15年，你是不是要继续带领团队，开辟一片大家资源共享的新天地？不然，你这品牌律师在某家律师事务所，岂不是只对自己有意义对旁边的人毫无价值？要知道你是去“做大蛋糕”的，你不是去“抢蛋糕”的，这才符合你品牌律师的定位。

朋友说，此言甚是，让我顿开茅塞，我确实需要为律师事务所做贡献。我说，你如果只是为本所服务还远远不够，格局要打开，要知道你是这个城市屈指可数的品牌律师之一，而且许多律师进入品牌期需要执业20年以上甚至30年以上，你难能可贵的。你需要为本地律师的品牌建设作出贡献，例如，逐渐强化你作为某市乃至某省刑事辩护律师的专业形象，你眼中更关心的是建设行业品牌。

我说你担不担任律师事务所主任并不重要，但你能不能从全局出发，关心整个律师行业的健康发展才很重要。你记得法国总统密特朗吗？密特朗担任法国总统第二个任期期间，淡化自己的党派色彩，把自己看成全民总统，政局平稳。你看看那些做得确实很不错的律师协会会长律师，他们都懂得如何从全体律师的立场出发，外人都看不出他们在哪家律师事务所执业，这才是引领行业的成功人士。你需要凸显自己的专业品牌地位，而不是律师事务所的职务。等到人家都忘了你是哪家律师事务所的律师，或者说人家已经不关心你是哪家律师事务所的律师，只知道你是专业敬业且有担当的律师，此时你就起到了引领行业的作用。

我们律师能步入品牌期的不多，步入品牌期的青年律师则更少，引领行业的律师凤毛麟角。青年律师尤其需要付出更多的汗水与辛劳。引领律师行业一般分为 4 种方式，即专业培训、执业保护、行业帮扶、形象优化。带着其他律师共同参与、共同建设，这才能有益于整个律师行业。

许多律师功成名就后，忽视了自己需要反哺当地律师行业，例如，需要承担起专业培训的公益职责。品牌律师有着律师行业标杆的光环加持，如果只愿意培训自己的团队或者只愿意培训所属的律师事务所，未免太小家子气了。他们应该定期在不同的律师事务所走访交流，或者借用律师事务所的平台，为全体愿意接受培训的律师提供帮助。

我这些年一边办案、一边对外讲课，不仅是因为我曾经是湖北黄冈中学老师骨子里喜欢讲课，而且是因为我认为只要我分享的课程能对其他律师有所帮助，我都愿意广泛参加各种业务交流。省律师协会刑事法律专业委员会组织的巡回讲座、各地律师协会或律师事务所邀请的专业分享、网络上组织的业务培训，我每年都会参加 20 次以上。即使是我在律师事务所组织的疑难案件分析会、经典案例分享会、热点问题研究会、法律法规学习会，都是开放式的，欢迎有兴趣的律师积极参与，我还提供晚宴继续交流。

曾有律师问我，想以律师协会的名义邀请我授课，费用多少合适？我说你提供平台让我“过一把瘾”就好，哪里会要求费用？如果能向我们省律师协会、市律师协会发一份邀请函，那当然更好。讲课的题目很简单，我可以接受“命题作文”，你们想听啥我都可以讲。每次分享交流时，我都愿意把自己的经验与心得告诉大家，希望能对更多的人有所帮助。

有些律师尤其是年轻的律师因为对执业风险不够重视而遭受处罚，确实让人很痛心。在参加申请律师执业实习人员面试考核时，我对市律协秘书处提出“红线不能踩”，大家秒懂，这说明“八不准”一定会考。许多人对实习律师的面试考核有不同意见，但他们忽视了风险防范、规范执业要从实习律师阶段抓起，等到他们被投诉就悔之晚矣。当然，只要实习律师懂得执业规范，确实参与过几个案件的办理，而且能通过一般的专业知识考查，即使衣着存在问题、言语不够尊重，面试人员提醒他们就好，也应该让他们顺利执业。

上次有几位律师因为“超级306条款”遭遇刑事风险，我就感叹说，焉不知经验丰富的律师对法律风险很容易警觉，同样的行为他们可以做而我们不能做？我虽然没能参与这几个案件的公益辩护代理,但律师协会组织的专家论证会,我还是从和平县会见现场赶回来担任论证报告的主笔。我还对拍档王永平律师说,如果这种律师行业的维权工作我们不够积极,其他律师会指责我们缺乏行业责任感的。当然,我更喜欢青年律师遇到执业风险疑难询问我,我告诉他们哪些事不能做、哪些事可以做,但要如何避免法律风险。这几位律师其实都知道我与王永平律师,只需要给我打个电话问一下这事能不能做,哪里会有后来那么复杂的事?我们对律师同行的咨询尤其是法律风险评估咨询,从来都是义不容辞。

律师行业帮扶,许多律师不喜欢听,但这也是案源丰富的品牌律师该做的事。一些案件适合普通律师来做,或者说不属于家属指定要某位律师亲自办理的案件,在出现案源剩余时,品牌律师尤其是青年品牌律师有必要向那些有上进心的律师伸出援手。许多案件对品牌律师而言只是锦上添花,对那些尚处于生存期的律师而言则是雪中送炭。我们不能帮助所有缺乏案件的律师,但我们可以帮助身边缺乏案件的律师。

这些年许多律师生存艰难,案源充足的律师确有必要分出普通案件给有需求的青年律师,这既是帮助他们顺利熬过生存期,也是引导他们规范执业。许多人需要贵人相助，品牌期的青年律师此时对那些办事认真、懂得感恩的律师，需要多一些关照。

律师行业的形象优化，每位律师都是建设者，但进入品牌期的律师需要承担起大部分的建设责任。律师既要面对普通群众，也要面对客户，还要面对政法机关、党政机关，应当注意优化行业形象。品牌律师的公益普法，品牌律师的行业宣传，品牌律师的规范办案，品牌律师与政法机关的良性互动，品牌律师向党政机关献计献策，最终都是在为律师行业形象“做加法”。只要有那么几位品牌律师在积极提高律师行业的美誉度，让大家知道原来律师的标杆是这样的，这才能引导普通律师去模仿学习、去快速成长，这才能让客户群体知道原来律师能对自己的案件能够公平公正，起到帮助作用，这才能让行政机关对律师参与建设现代法治的有充分的认识，体会到律师服务的专业价值。

普通律师如何成为一位集专业、敬业、乐业于一身的优秀律师？一方面当然取决于个人的努力学习与思想领悟，另一方面则需要从品牌律师身上发现可供借鉴、可以模仿的工作方法。许多品牌律师都是通过“野蛮生长”发展起来的，他们对缺乏榜样的痛苦深有体会，他们许多人都是踩过太多的坑才上岸的。为了不让后来的律师也吃这种苦，让后来者尽量少踩这些坑,他们需要真实展示自己的工作模式。如果说生存期、发展期的律师需要包装,那么稳定期、成熟期的律师已经不需要太多包装了,品牌期的律师则应该“清水出芙蓉”,他们已经跨过了需要包装的阶段,“素面朝天”才是更好的状态。

有同事问我,余律师在惠州似乎很受欢迎,有什么秘诀吗?我说这个很简单嘛,你可以像我一样创造品牌价值惠及本地全体律师,你绝大部分的案件都在外地不与本地律师“抢蛋糕”,你觉得当地律师会不欢迎你吗?外地律师来惠州,我都请他们给惠州律师做个专业分享,提高律师的业务水平,我还顺便请大家撮一顿,换了你是普通律师,你欢不欢迎我,这样的律师是不是越多越好?

青年律师进入品牌期,既有引领行业的业务能力,又有引领行业的人脉资源,还应该经常无偿惠及当地律师。每个城市有几个品牌律师,真诚帮助他人,得到行业的尊重,才能更好地推动法律职业共同体建设。

第三十三讲｜沉淀理论

青年律师成长，品牌期需要沉淀理论，从自己的办案经验中提炼出一套行之有效的思维体系。所有的技术方法，都应该逐渐深化为理论，才能让律师的品牌更具有普遍适用的价值。我们不能满足于埋头干活，更要抬头探索。

迈入品牌期的青年律师，已经有了10年左右的积累，他们在技术上已经有了较为雄厚的知识储备，此时应该把这些技术上升为理论。如果说青年律师在早期只是零散地提出一些观点，那么在成熟期与品牌期则可以系统性地沉淀理论，指导自己与其他律师办案。

2024年6月，我去长沙出差，应"进攻型团队"罗秋林律师的邀请，在金凯华律师事务所再次分享律师辩护经验。国内不少律师朋友提出过"进攻性辩护"，罗秋林律师是其中的代表者,而且赢得了不少无罪案例,这说明这种辩护理论是切实可行的。本来律师辩护是防御型的,进攻的是公诉人,我们律师作为辩护人则是防守方。但战争史的朋友都清楚,孙武、吴起、孙膑等人都崇尚进攻,“攻其必救”成为制胜法则,因为进攻失败还可以转入防守,而防守失败意味着最终失败。后人总结出“最好的防御是进攻”,也有其道理,除非你占据着“一夫当关万夫莫开”的要塞之地。

我早年提出“无罪辩护最好的方法是庭前拦截”,因为一旦进入庭审阶段就是“兵临城下”的“巷战”,失去回旋余地当然要困难得多。这种理论也帮助我尽量去争取公安机关撤案、检察院不批准逮捕、检察院不起诉,至于开庭后检察院撤回起诉、法院判决无罪则有难度。那些自称每年都有无罪案例的律师,往往是拿到“庭前辩护”的无罪战绩。2024 年 5 月底,我的一个案件从 4 年有期徒刑改判为免予刑事处罚,总觉得有些遗憾。但法官告诉我,这是他们中级人民法院今年第一个二审直接改判的案件,经过审判委员会讨论决定免予刑事处罚。我是在二审阶段介入的,也导致失去“庭前拦截”的战机。

我在办理这宗二审案件时,也参考了罗秋林律师的“进攻性辩护”理论。对于原审法院“查明事实”时更多的是从被告人与辩护律师的防御型解释入手，我二审庭审中则采取“全攻全守”战术，全面质疑办案机关的有罪证据，我的当事人王某则不做过多的辩解。就像《让子弹飞》中“小六子”被污蔑吃了两碗凉粉只给了一碗的钱，他根本无须自证清白，而应直接采取“只攻不守”战术，质问对方：“你哪只眼睛看到我吃了两碗凉粉？”我根本不用去自证清白，而是要求“谁主张，谁举证”，你无论是左眼看到还是右眼看到甚至双眼看到，必须要拿出证据来证明。

这个案件的二审改判，很大程度上就是辩护策略从防御型转为进攻型，直指原审法院作出有罪判决依据的证据。我们没有提交有力的新证据，直接沿用原审证据，最终让法院审判委员会改判免予刑事处罚。

在缺乏强有力的防御证据时，“最好的防御是进攻”很有道理。但如果你有直接证明被告人清白的证据，那么此时“不可逾越”的防御也是律师需要重视的难关。那次代理一宗欧某聚众斗殴案，就是因为该案有翔实的视频资料，我们完全可以“自证清白”。我提出对方当事人拿着刀站在我们当事人家门口，威胁我们当事人一家生命安全，我们当事人把他们从家门口赶走，合理合法。公诉人说我的当事人“持刀追逐”，所以是“互殴”所以是聚众斗殴，我则认为我的当事人是“挥刀驱逐”，而且驱逐了对方不到 100 米就返回了，两家相隔 300 米，显然没有超过两家中间线。我的观点很快引起法庭的注意，法官支持了我的无罪辩护意见。能从聚众斗殴辩护为正当防卫，此时我更多的是拿出固若金汤的防御手段。“荷兰足球式进攻”与“意大利足球式防御”，我们律师都应该灵活使用。庭前拦截、进攻型辩护与防御性辩护并不冲突。

这些年我也开始沉淀理论，先后提出“律师发展的 3 个阶段，求量阶段、求名阶段、求利阶段”，还提出“技术辩护的三原则，有利、有理、有力”，认为刑事律师办案不同于办案机关从材料到观点的传统模式，应该反其道而行之即“大胆假设，小心求证”，先假设案件无罪然后找证据证明无罪或者修改自己的假设。我还给死磕辩护提出“三原则”，即“确有冤情、技术过硬、自身干净”，建议他们只对那些技术辩护无能为力的案件“死磕”，否则很容易适得其反。

在质证技术上，我在办理某妨碍公务案时归纳出“质证三斧头半理论”。公务行为的法律依据是什么？对方有没有主体资质？程序是否规范？后面还有“半斧头”，根据证据，凭什么得出成立犯罪的结论？这种质证理论可以用于任何证据质证，公诉人需要举证他们是合法取证、有资质取证、规范程序取证，还要说明证据结论具有唯一性。

我们可以博采众长,学习许多律师的理论。广州王思鲁律师提出“案例为王”理论,东莞骆世明律师提出“讲课是律师最好的营销”理论,我也提出“写作是律师最好的名片”理论。许多人对“案例为王”有异议,认为有成功案例的不一定是专业律师,没有成功案例的不一定不是专业律师。我只能笑笑,你拿不出任何成功案例竟然说自己是专业律师,怎么可能?拿出成功案例的不一定是专业律师,但专业律师一定能拿出成功案例,而且每年都能拿出一批成功案例,成功案例是成为专业律师的必要条件。讲课与写作是律师营销的两种有效手段,但你有成功案例做支撑,才能讲好课、写出好文章,否则你的内容如何“接地气”,如何“有干货”?许多人忽视了“写作是律师最好的名片”,因为高质量的写作都需要业务好、人品好、思想好,否则如何赢得读者的尊重甚至吸引潜在客户的关注?会写作的律师办案能力都基本不错,要知道法律文书写作也是写作,好的文笔建立在丰富的知识储备与强大的理解能力、严整的逻辑推演上。“事实胜过雄辩”,这也要求你的写作需要案例佐证,才具备说服力。

一些理论其实是庭审中“妙手偶得”的。那次我办理被告人认罪、律师无罪辩护的案件被指责,我脱口而出，被告人是否有罪，不取决于他是否认罪，也不取决于律师是否辩护他无罪，而是取决于现有证据是否足以让法院判决他有罪。如果被告人认罪他就有罪，那还要我们法官、检察官、律师开庭干什么？我后来还补充说，被告人如果有罪，即使他不认罪，律师辩护他无罪，法院也可以根据证据判决他有罪；被告人如果无罪，即使他认罪，律师辩护他有罪，法院也应该根据证据判决他无罪。这一套理论，后来被许多律师同行借用。

律师与办案机关之间是什么关系？主流观点是“法律职业共同体”关系，我认为律师也是办案机关的“谏官”。我们律师只有建议权，发现问题后“直言进谏”，是我们职责所在，须知“兼听则明，偏听则暗”。律师主观上是在维护当事人的合法权益，客观上是有理有据提出辩护意见帮助办案机关避免冤假错案。

律师与同行之间是什么关系？许多人宣传“同行是冤家”，在律师起步阶段确实存在“同行竞争”的“零和博弈关系”，但随着律师逐渐发展成熟，你会发现“同行是最好的客户”，因为你不再与这些同行竞争案源，而是与这些同行“优势互补”、共同办案。普通律师之间很容易形成同质化竞争，成熟的律师则可以用自己的个性化优势与其他律师“强强合作”，把自己不擅长的案件推荐给擅长办理该案件的同行，此时你会发现完全不一样的同行关系。

一些律师把律师收费解释为“我不要求高收费，但你要尊重律师的服务价值”。对于要不要对某些特殊案件降低收费标准甚至打破常规低收费，我同意对于“确实很冤，确实没钱，确实尊重律师”的案件，律师可以低收费提供服务的意见。律师需要有情怀，尤其是早就熬过生存期的律师，他们追求的不再是收费带来的价值，而是能够帮到他人本身带来的价值。

青年律师需要沉淀理论，这既是对自己办案经验的归纳，也是形成通用的工作模式。从认识论到方法论，从心得体会到理论构建，从三言两语的感悟到十几万字、几十万字的体系建设，这都是步入品牌期的律师应该做的事，也是可以做的事。尤其是那些成为行业标杆的律师，更应该在理论建设上多一些积累，多一份责任，实用性理论才是对整个律师行业的支持与帮助。

进入品牌期的律师，不应该把自己看成普通的办案律师，他们扮演的是运筹帷幄的“主帅”的角色。律师虽然在理论建设上可能不如大学老师，但他们在一线办案时，却可以形成一些认识与方法上的规律，指导其他律师办案或接待客户。

青年律师进入品牌期，并不意味着你有业绩就行，更重要的是你能在律师行业发挥标杆性作用。这就要求作为“前驱”的律师，不仅能够把自己的业务办好，而且能够让其他律师通过这些品牌律师的言行，从知道“是什么”到知道“为什么”，最终知道“怎么做”。人类的认识最初是“我不知道我不知道”，随后是“我知道我不知道”，接着是“我不知道我知道”，最后才是“我知道我知道”。品牌律师需要从“我不知道我知道”的阶段，最终迈入“我知道我知道”的阶段，这才能最终悟道。

第三十四讲｜律师学者

青年律师成长，即使步入品牌期，也应该对自己的特点尤其是短板有清楚的认识。青年律师与高等院校之间的合作，需要随着律师自身的成熟不断加深。中国人都有“学而优则仕，仕而优则学”的传统，律师虽然不属于士人，但也应该与学者密切联系，或者说律师应该逐步从技术型律师转向学者型律师。

青年律师开局就是技术型人才，他们需要用自己的办案技术撬开发展之门。无论是“案例为王”的宣传，还是“技术辩护”的探索，都是把律师服务看成技术工作，将其细分为一个个可操作、可复制、可学习的方法。需要用案例证明自己，需要用方法展示自己，这也说明此时的律师还是“将才”，尚未达到“帅才”阶段。等到青年律师从技术型人才转向学者型人才，才进入更高层次。

许多青年律师文笔不错，他们如果只是擅长文案写作，那么最多是“书生律师”。只有当他们不仅擅长文案写作，而且擅长理论分析，还擅长思想阐释时，才开始踏入“学者律师”的大门。“学者律师”是“书生律师”的高级阶段，不仅要懂得如何办案，还要懂得为何要如此办案，更要懂得从办案经验中提炼出办案理论。这种办案理论需要对律师有指导意义，也要对办案机关有参考价值。

律师从技术型人才迈入学者型人才，需要跨过“三道门槛”。第一道门槛在大学担任客座教授；第二道门槛是出版法学理论著作；第三道门槛是自己的理论在司法实践中被作为专家意见援引。能够迈过这“三道门槛”的律师，才能被称为律师学者或者学者型律师。

跨过第一道门槛不难，许多执业10年以上的律师尤其是在省市两级律师协会担任重要职务的律师，都被聘为一些政法院校或者大学政法学院的客座教授。客座教授不属于学校的正式员工，只要求每年给学校上几堂课或者开几次讲座。高等院校聘请一线律师担任学校客座教授，一方面需要借助这些律师鲜活的案例提高学生的实践能力，另一方面也为学校提供了宣传助力。一些律师的个人品牌誉满江湖,高等院校能请到他们做客座教授,本就是双赢效果。

大学教授最不缺的是法学理论,最缺的是实践经验,而大学教授兼职律师的人数毕竟不多,这就需要各地的高等院校纷纷“请外援”,通过知名律师担任大学客座教授来丰富学校的实践教学。往往在直辖市、省会城市执业的律师更有优势,因为大学都集中在这些中心城市。能够去外地城市的大学担任客座教授,则要困难得多,这也是许多优秀律师纷纷涌向直辖市、省会城市执业的原因之一。广东省虽然无论是经济总量还是律师人数都是全国第一,但广东省的优质大学数量远不如北京、上海、天津、重庆,也不如江苏、湖北、四川、陕西、浙江、山东等地,这也导致广东的律师要担任大学客座教授,难度比上述省市大得多。

只要你不是紧盯着“985”、“211”院校的法学院客座教授,或者只愿意担任几所政法大学的客座教授,担任大学客座教授不难,例如,你愿意担任一些城市学院的客座教授。在这些学校授课也不难,大学教材你都很熟悉,穿插一些成功案例,就可以把课讲好。不过,要想出版法学理论专著,这就很不一般。要知道法学理论专著不同于法学实务专著,前者需要理论修为,后者可以找出 20 个到 30 个成功案例就可以编成一本书。你执业10年以上，要想找出20个到30个成功案例，当然毫不困难。

不过，你要写出一本法学理论专著，这就很不一般了。你需要提出言之有据的理论概念，这才能建构自己的法学思想体系，或者至少与大学教授或研究机构的研究员合作，协助建构法学思想体系。写书是律师很好的营销方式，仅限于司法实务的书籍。律师写法学理论书籍，很可能是一把“双刃剑”，一不小心就暴露自己的理论短，让读者发现这位誉满天下的知名律师“技止此耳”。学者需要一定的理论水平，作为律师学者，至少需要博览群书尤其是法学、哲学、历史等著作，还能提出自己有建设性观点的理论，否则还是小心谨慎为好。当然，如果你能写出一本“文有可观者”的法学理论著作，那更是令人肃然起敬。

相对迈过前面两个门槛，你跨过提出的理论在司法实践中能作为专家意见被援引这个门槛，则更加艰难。霍姆斯说“法律的生命不在逻辑，而在经验”，这说明对于一线办案的律师而言，他们更有机会通过实践经验去发现新的理论，去寻求新的法学思想体系创设。律师从自己10多年的司法实践经验中总结成败得失，发现案例背后的规律与规则，无论是对律师提供法律服务还是对办案机关正确理解法律规定，乃至建议有权机关作出切合实际的立法或法律解释、司法解释,都有无可替代的价值。

我们许多律师都曾有意或无意踏入创设法学理论的领域,例如他们的一些法学观点被大学教授写入自己的著作或在课堂上讲授、被立法机关援引写入法律或法律解释、被司法机关采纳。虽然他们的理论并不完善,也不成系统,但只要这些人的理念能推动司法实践的优化,那就是无上的功德。

我也曾偶尔踏入法学理论创设的领域,只是尚未形成自己的思想体系。2009 年年初,我在江西萍乡处理王某甲交通肇事案时,向检察院提出,对于那些恶性不大的案件,只要向受害人赔偿并取得受害人的谅解,从缓和社会矛盾、化解民间冲突的立场来看,可以不作为刑事案件处理。该观点得到了支持,王某甲很快被释放。同年 7 月,北京率先在全国试点“刑事和解”制度,3 年后该制度被我国新修正的《刑事诉讼法》采纳。2022 年,我在办理王某乙虚开增值税发票 8000 余万元案件时,提出虚开增值税发票分为两种,一种是造成国家税收实际损失的虚开即“该收的税没收”,应该定为本罪处罚;另一种是没有造成国家税收实际损失的虚开即“不该收的税没收”,不应该作为刑事犯罪处理。该观点被检察院接受,王某乙被不起诉而释放。

直到2024年《最高人民法院、最高人民检察院关于办理危害税收征管刑事案件适用法律若干问题的解释》颁布，其第10条第2款规定："为虚增业绩、融资、贷款等不以骗抵税款为目的，没有因抵扣造成税款被骗损失的，不以本罪论处构成其他犯罪的，依法以其他犯罪追究刑事责任。"该条款正式成为本罪的出罪依据。

在具体办案过程中，我也提出了一系列刑法理论探索。例如，我认为非法经营应该分为禁止经营、特许经营、限制经营3种，只有禁止经营的才可以刑事入罪，特许经营的只需要行政处罚就行，限制经营的完全可以民事赔偿来救济。我把强奸罪拆分为"强"即违背女方意愿与"奸"即发生不正当性关系，因此夫妻、未婚夫妻之间或男女朋友之间发生性关系不属于"奸"不应该入罪。我认为司法解释仅限于审判或检察过程中如何具体适用法律，不能作出抽象的立法性规定，因为我国《立法法》没有授予解释立法权限。我认为法官不采纳律师意见应该援引证据、法律条文有效说明理由。这些理论观点目前尚未被有权机关采纳，也没有被专家学者借鉴，但我相信这些观点对我国司法制度的优化能够提供一定的参考价值。

青年律师要成为法律学者，需要长期的经验积累与知识沉淀。既然律师已经在技术服务领域较为成熟,那么可以集中精力加强知识沉淀方面。青年律师应该如何加强知识沉淀?一般可以借助三种方式。第一种是加强在校教育,例如读一个刑法学博士学位;第二种是研究案例,尤其是钻研近30年最高人民法院的指导性案例;第三种是重视理论学习,例如研究法学专著,至少读完100本法学专著并写好读书笔记。青年律师至少需要借助上述方式之一,最好是做到兼容并包。

这里提到读一个法学博士,指的是真心实意读博士,而不是那种只去学校挂个名,交给自己的团队律师帮自己"集体读博"或者"请外援"帮自己写各种论文。进入品牌期的青年律师,他们有充足的时间,案件都交给团队律师处理,此时回到大学老老实实读书,更值得尊敬。

认真研读最高人民法院近30年的指导性案例这也是不小的工作量,有些法官也做不到。如果我们刑事辩护律师能把近30年的最高人民法院指导性案例都读一遍,知道这些指导性案例为什么要如此裁决,甚至就这些裁决提出科学合理的建议或意见,这样的律师已经是当之无愧的律师学者。

重视理论学习,是在这三种知识沉淀方式中最需要时间的,但也是对青年律师最容易的。不就是阅读

100 本法学专著吗？不就是每一本都要写读书笔记吗？每天读 2000 字，每天写 2000 字的笔记，坚持 10 年不就基本完成了？如果你能每天阅读量、写作量翻倍，那么所需时间还可以压缩，岂不妙哉？等到你读完了这 100 本书，拿出厚厚的读书笔记，你已经获得了这些知名法学家的思想。

这里的读书笔记是你作为读者的“阅读与思考”，不是一些人以为的“摘录”。阅读之后需要写清楚自己的感悟，原文对自己有哪些启迪。这里的 100 本书指的是中外名家名作。如果你不清楚哪些书值得阅读，我建议阅读商务印书馆的“汉译名著”，阅读数量不够时再看看中外知名法官、法学家的作品。

青年律师从技术型转向学者型，需要大量阅读与写作，需要认真学习和领悟知名法学学者的思想。品牌期的律师，能够继续保持学习习惯与思考习惯，能够谦虚面对不同的法学意见，才能把法律从职业发展为事业，才能把目光转向法学知识的实践与完善。律师与办案人员、法学专家只是分工不同，他们都是法学大厦的建设者。

第三十五讲 | 律所建设

青年律师成长，进入品牌期一定时间后，需要关心所在律师事务所的建设。律师事务所是律师的执业机构，也就是律师提供法律服务的平台。律师与律师事务所之间，是一种合伙关系。能不能给律师提供帮助，就成为一家律师事务所能否发展壮大的关键。

青年律师进入品牌期，不能只关心自身发展或者所属团队的发展，而要把眼光转向整个律师事务所。青年品牌律师需要积极参加律师事务所建设，推动律师事务所的优化，为其他律师的成长提供帮助。青年律师一旦有了自己的品牌，他也完全有能力说服律师事务所采取积极措施，稳健发展。青年律师与律师事务所之间固然是相互成就的关系，但进入品牌期的青年律师，更多是给律师事务所赋能，他参加律师事务所的管理就是对律师事务所的鼎力支持。

律师事务所存在的价值，就在于能给律师赋能。这里的赋能主要体现在四个方面，即能给律师提供案源支持、安全保护、专业支持、宣传服务。一家律师事务所能提供上述任何一种赋能，它就能生存；一家律师事务所能提供两种以上的赋能，它就能发展壮大；一家律师事务所能提供三种以上的赋能，它就超过绝大部分律师事务所，展示出优势；一家律师事务所如果能提供四种赋能，它毫无疑问是所在城市律师业务的引领者。

如果说一名律师有了剩余案源就可以“拉队伍”成立专业团队，那么几名律师都有剩余案源则可以成立几个专业团队。但如果仍旧把眼光局限在自己的团队内部而没有把目光转向整个律师事务所，就还不够。如果这些案源丰富的律师愿意把剩余案源拿出来，按照专业分配给相应的青年律师尤其是缺乏案源的青年律师，那么这家律师事务所就能形成内部合力，不再是松散的兴趣小组，成为稳固的律师集体。

许多律师事务所的专业化建设更多的是一种宣传炒作，他们并不具备专业服务的基础，因为他们没有案源的统一分配。如果合伙人习惯按照个人喜好分配剩余案源，而不是按照专业能力分配剩余案件，就会导致一些青年律师把大量精力花在“搞好关系”上，而不是把精力花在如何提高专业素养上，这会导致律师事务所内部“山头林立”，造成法律服务上的内耗。

进入品牌期的青年律师，都有丰富的剩余案源，需要他们站出来，按照专业分工承担起案源律师的职责，帮助缺乏案源的青年律师形成自己的业务特点，顺利熬过生存期、稳步迈入发展期。一两位青年品牌律师可能有些势单力薄，他们可以组成5位以上的案源服务团队，为青年律师成长提供助力。

律师事务所需要给全体律师尤其是青年律师提供安全保护，这里的安全保护包括“主动防御式保护”和“被动防御式保护”。主动防御式保护，就是从根源上入手，给青年律师提供案源支持、引导他们规范执业、帮助他们树立正确的道德观、帮助他们主动远离执业风险。被动防御式保护，是帮助律师遭遇执业风险时尽量脱离困境。例如，与律师协会、司法局等部门有效沟通，争取以批评教育为主而不是作出处罚。一旦遭遇刑事风险，则需要派出优质律师组成辩护团，为他们据理力争。你会发现那些大所的律师，很少遭遇执业风险，即使无意中涉嫌违法或者犯罪，这些大所也会积极提供救援服务。大所有完备的执业规范指引，大所有强大的法律服务团队，大所还有丰富的社会资源，这使他们遇到执业风险可以提前预警、合法规避。一些技术型律师喜欢在大所执业，不仅是因为大所提供的案源资源，而且是因为大所提供的安全保护。

青年律师遭遇执业风险，主要是因为缺乏案源，饥不择食从而不得不铤而走险，因此律师事务所能提供足以让他们熬过生存期的案源，才是帮助青年律师远离执业风险的好办法。青年律师遭遇法律风险，其次是因为不懂得如何规范执业，他们不是有意犯错而是无心犯错，这就需要律师事务所制作成熟的工作指引，帮助每一位青年律师，尤其是在实习阶段严格要求他们。青年律师遭遇法律风险，还有可能是经不起非法利益的诱惑，这就需要帮助他们树立正确的金钱观、是非观、荣辱观，能够堂堂正正做律师，何必要从事那些可能遭遇处罚甚至锒铛入狱的非法活动？

一家律师事务所需要走专业化道路，需要对全体律师提供专业支持，而进入品牌期的青年律师，应该承担起专业培训的职责。他们有经验、有热情、有业绩、有作品，由他们牵头为律师事务所的同事安排专业培训为佳。以律师事务所刑事部为例，无论是组织策划疑难案件分析会、经典案例分享会、热点问题研究会、法律法规学习会所需要的智力资源，还是会后请大家小聚一下的财力资源，对于品牌期的青年律师都不是问题。有这样的青年律师又愿意在专业建设上帮你，又愿意承担活动费用，还懂得调动大家的积极性与创造性，其他律师还有什么不满意的吗？

当然，进入品牌期的青年律师也需要担任律师事务所的重要职务，这才能让他们名正言顺组织活动。这样的青年律师，任何一家有发展格局的律师事务所，也愿意给他们提供重要职务，这才能借助他们的个人品牌打造律师事务所的团体品牌。许多律师事务所设置执行主任，如果不是聘请非律师的专业人士负责日常事务，那就是留给品牌期青年律师的。律师事务所与优秀青年律师之间需要良性互动，即使这些律师存在不足，也应该拿出“千金买马鞭”的姿态，吸引更多的优秀律师加入律师事务所管理团队。

如果律师事务所的专业化部门处在创业阶段就需要这些进入成熟期、品牌期的青年律师担任主要职务，毕竟施肥浇水都不是专业能力不足或者热情不够的律师能够胜任的。不尊重这些青年专业骨干律师的贡献，不尊重他们的主导性地位，很容易让这些确实有本事的律师心寒，其结果是“不与之合作”。你要青年专业骨干律师“扶你”，必然要让他们“服你”。有能力的律师往往有个性，他们有骄傲的资本。他们的“撒手锏”就是“不干活”，不要真的以为部门搭台起来了，换谁都一样，你换的人如果没有经验、热情、业绩、作品，凭什么能带领一支队伍？

许多律师自己不缺案源，专业能力也很强，更是养成了远离执业风险的习惯，那么他们投奔这家律师事务所所为何事？当然是因为他们很想借助这家律师事务所的宣传力量。有宣传力量被律师借用，需要满足两个前提条件：一是律师事务所有够强的宣传能力；二是律师事务所鼓励律师借用所里的宣传力量。如果一家律师事务所的宣传不够强，或者虽然宣传能力很强却不愿意普通律师借用，其结果当然是除了极少数管理层律师，其他律师都会对律师事务所的宣传失去兴趣，宣传能力强大的律师干脆“另起炉灶”。

一位律师朋友对我说，他本来是冲着某家超级大所过去的，但这家大所的宣传有极为烦琐的审批手续，这就让他心灰意冷，于是他一边潜心打造自己的个人宣传平台，一边考虑接受另一家律师事务所的加盟邀请。我说“存在即被感知”，你都不能感到这家律师事务所的宣传力量对你有帮助，那么这家律师事务所的宣传力量对你而言是不存在的。如果律师事务所规模做大后，就开始官僚主义、形式主义。这样的律师事务所，对普通律师是不友好的，要知道普通律师积极参加活动，都是给律师事务所的宣传提供素材。如果一家律师事务所只愿意宣传主要合伙人或各部门的主要负责人,那么这家律师事务所很快会失去青年律师的认可。

进入品牌期的青年律师,有必要参与到律师事务所的管理工作中,尤其是创办多年的律师事务所更需要新鲜的血液。律师事务所也有必要根据现代化管理模式进行调整,例如成立全体合伙人会议、管理委员会、监事会,其实对应公司治理中的股东大会、董事会、监事会。律师事务所要有规范的管理制度,更需要能发掘优秀人才进入管理团队的用人机制。如果青年律师总觉得自己虽然为律师事务所作出了很大贡献,却不被支持、不被信任,甚至总觉得自己是局外人,那么他们很难对这家律师事务所产生向心力。既然人家的热情不被重视,那么这些青年骨干律师为什么不利用本来用于公共服务的时间多办几个案件、多参加几次专业交流呢?

如果说普通律师担任律师事务所的管理职务,更多是借助这些职务证明自己或者用来拉业绩,那么进入品牌期的青年律师担任律师事务所的管理职务,则是用自己的个人品牌推动律师事务所的发展。一家律师事务所能不能较快发展,关键就在于有能力的律师尤其是青年品牌律师有没有被重视,有没有充分发挥积极作用。从事律师事务所管理的律师，不一定要求业绩、贡献与热情，但也不能完全不要求业绩、贡献与热情，否则何以服众、何以保证服务质量？

有人说，没有忠诚的能力一钱不值，焉不知只有忠诚没有能力只是自欺欺人？有能力的人培养忠诚度容易，因为有能力意味着是给单位赋能；有忠诚度培养能力可能很困难，没能力的忠诚可能是向单位索取。你很听话但你毫无能力，这种听话有意义吗？你有能力但你不够听话，把你的需求与单位的需求绑定在一起，你岂能不忠于职守？当初邓禹就对刘秀说，大家抛妻弃子跟着你创业，就为了成就一番事业。刘秀如果不用这些有能力的“云台二十八将”，用功业绑定他们，而是用一群只会阿谀奉承的百无一用之辈，能成就“光武中兴”吗？

青年律师成长，需要站出来，带领大家一起努力。

第三十六讲 | 功成身退

青年律师成长，收官阶段需要做什么？此时青年律师名望已足，需要懂得把机会让给他人。青年律师在品牌期最后的安排，应该是功成身退。

青年律师发展到最后阶段，尤其是在担任过律师事务所、律师协会重要职务后，有必要懂得谦让，打开局面后把机会让给年轻的后辈律师。

青年律师在步入发展期、稳定期后，挺身而出担任律师事务所的重要职务，例如从刑事部秘书长到副主任、主任，并在迈入成熟期、品牌期担任律师事务所执行主任、副主任，这都是一名律师对律师事务所的担当。那种不愿意承担责任、不愿意付出辛劳、不愿意奉献的律师，即使个人发展令人瞩目，也只是孤军奋战，对律师事务所、对其他律师都缺乏赋能。如果没有公益心，他们如何赢得其他律师的认可？

当然，如果一名律师迟迟不能迈入稳定期更不能迈入成熟期，却在律师事务所担任重要职务，说轻一点是“德不配位”，说重一点是“不自量力”。要知道律师都很有个性，你自身的发展都很一般，如何担起带领大家前进的责任？你一个业绩都没破80万元的律师，如何代表律师事务所给那些业绩破百万元的青年律师讲话，告诉他们如何拓展业务，如何办案如何宣传？打铁需要自身硬，你的威信建立在你的工作能力与贡献之上，而不是建立在你担任与自己能力不匹配的职务上。

早年一位做生意的老朋友对我说，他想换一辆20多万元的车，因为“要低调”。我直言不讳说，你都没有高调过，谈何低调？他很不高兴，但后来也认可我的说法，毕竟生意人需要包装。这些年他一直开着百万元豪车，我对他说，你已经高调过了，现在可以低调了，例如买一辆20多万元的电车代步。其实律师也是如此，你都没有担任过律师事务所的重要职务，哪里有“低调”的资本？但等到你已经“高调”过了，那就应该把律师事务所的重要职务让给后辈了。他们正处于你当年的“整装待发”位置，岂能冷了他们的心？

这些年经常有青年律师“拉队伍”出去，要么成立一家律师事务所，或者集体投奔某家成熟的律师事务所。这些青年律师的离开,一般因为两个原因:一是这些优秀律师在原来的律师事务所不被重视,甚至迟迟没有做到合伙人,或者即使有合伙人名分也不被看重,只能跟着"打酱油",他们本就很有上进心,需要闯荡一番事业;二是这些优秀律师不喜欢原来律师事务所的氛围,例如看不惯某些律师事务所的官僚习气,他们想要去一家比较纯粹的律师事务所发展事业。

青年律师无论是因为哪一种原因离开都无可厚非,毕竟人各有志,而且律师与律师事务所之间只是工作关系,不是"终身绑定"关系。他来了,你欢迎;他走了,你欢送。大家好聚好散,无须耿耿于怀,更不用通过设卡、抹黑等方式制造矛盾。这方面必须佩服刘备,无论是田豫、徐庶离开还是黄权离开,刘备再舍不得也毫不阻拦,那句"恨不与君共成大事也"牵动着多少人的心。

你对青年律师尤其是步入成熟期、品牌期的青年律师"国士相待",人家才能对你"国士相报"。这些青年律师成长起来了,才愿意在这家律师事务所生根发芽,才愿意在这家律师事务所"挑大梁"。如果总是对这些有能力的青年律师故意压制或者无端猜忌,那么很容易最终让这些青年律师失去归属感与认同感,最终"弃所而去"。这不是因为这些青年律师不够忠诚,而是律所让他们觉得自己是外人。

青年骨干律师，需要体现在三个方面。一是业务骨干，能带着一波律师认真办案“冲业绩”；二是宣传骨干，能铸造自己的品牌，形成业内的地位；三是管理骨干，能促进律师事务所管理服务的优化，对律师事务所的发展有话语权。业务骨干往往都是宣传骨干，律师本就是提供语言文字服务的职业。如果不让这些青年骨干律师承担起管理职责，只会产生两个后果，一种是这些青年律师逐渐游离在律师事务所之外，只关心个人发展，对律师事务所的工作漠不关心；另一种则是让他们感到未得到应有的尊重。前一种可能导致律师事务所遇到困难时，他们袖手旁观；后一种使他们随时可能“拉队伍”出去“自立门户”。

这些青年骨干律师一旦被信任、被委以重任，他们内在的荣誉感和好胜心会鞭策他们努力向前。尤其是那些受过良好教育、毕业于知名院校的律师，他们的自命不凡、恃才傲物背后，是对成功的渴望，对实现人生价值的追求。如果你给他们“建功立业”的机会，他们与律师事务所就会实现“双赢”。此时的任何吝啬，都可能会导致他们甩袖而去，并通过促成另一家律师事务所崛起显示自己并非浪得虚名。

如果青年骨干律师所在的律师事务所给了他们足

够的信任与支持、提拔与重用,那么可预见的是这些律师事务所在一群新锐律师的努力下,焕然一新。律师事务所需要薪火相传,需要新老交替,及时换用有能力、有热情、有公心的青年骨干律师,交给他们律师事务所发展的接力棒。那些开业15年以上的律师事务所基本都在完成新老交替,就是为了调动青年骨干律师的积极性,让他们在需要荣誉的年月去创造荣誉。

青年骨干律师一旦在律师事务所担任主要管理职务5年左右,把自己的理念变成律师事务所发展的规则,那么他们就应该培养自己的继任者,并考虑继任者成熟后逐渐淡出律师事务所的重要岗位。我不建议贪恋职务,一家律师事务所对律师更合适的称呼是“某律师”,而不是“某主任”,律师才是他们的本色。

虽然我对自己的颜值、文才、口才都很自恋,但我不赞同一名律师对自己的贡献过于自恋,例如,不能因为是部门创始人,就长期占据部门主任职务,就不愿意培养新人,然后又以自己无人可替为由拒绝交班。你对某个部门或者某家律师事务所的发展厥功至伟,这当然是获得广泛信任从而被推举为部门主任、律师事务所主任的主要理由,但不愿意发掘新人、推举新人则不可取。我曾对一位老朋友说,你牵头成立刑事部,可以先干一届3年或4年,最多再干一届,然后应该交给后继律师，让那些有热情、有能力、有公心为刑事品牌建设作出贡献的律师有机会接替你“二次起飞”。每个人的精力是有限的，既然在专业上的地位是有目共睹的，那么何不站在旁边鼓励年轻人去开拓进取？

上次我与王永平律师说，我俩担任市律协刑事法律专业委员会主任、副主任已经7年了，两年后才能换届，我们是否也活成曾经讨厌的样子？我们总认为年轻人不够成熟，还需要我们继续“站一班岗”，其实他们会不会认为我们没有给独当一面的机会，没有让他们“锥处囊中”，这才没有脱颖而出？我们长期不愿意“挪窝”，很容易成为后辈律师进一步成长的障碍，毕竟我们的精力与时间是有限的，而且永平喜欢讲课，我喜欢写作与讲课，难以站在一线继续冲锋陷阵。永平说有些场合，你不干吧，人家说你“撂挑子”；你继续干吧，人家说你“恋栈不去”，如何平衡是个大问题。我说，你不是也不做刑事部主任，改做刑事部顾问吗？这很好啊，他们问你，你就顾看一下；他们不问你，你就作为普通律师参加活动，除了特殊场合需要捧场，都可以“局外旁观”嘛。

如果说一名青年骨干律师没有“功成”，他当然需要继续前进，继续提升和展示自己专业能力。但如果这名律师已经“功成”，他个人的品牌堪比整个业务部门甚至堪比所在的律师事务所,或者许多人因为他才知道有这么一家律师事务所,他担不担任这家律师事务所的重要职务对他毫无影响,那么他就应该“身退”。

老子曾提出“功成、名遂、身退,天之道”,他认为有了功绩有了名望,就应该退隐,这才符合天道规则。李白也说“事了拂衣去,深藏身与名”,看来他也追求建立功业后回归清新自然。清末陶成章、蔡元培、魏兰等人成立光复会,主张“光复汉族,还我山河,以身许国,功成身退”,鲁迅先生也是光复会成员。功成身退,一直都是文人墨客追求的最高境界,既要建功立业,又要功身退,他们追求的是经世济民的人生理想,而不是贪恋红尘中的逸乐。我们律师骨子里也是文人,许多律师都有一份传统文人士大夫的功成身退情怀。既要在自己精力最旺盛时建立功业,又要在自己志得意满时功成身退。

2022 年以前我也追求担任省市律师协会、律师事务所的重要职务,甚至认为一些荣誉虽然不重要,但给不给我是你对我的一种态度,你要我认真干活总不能让我“自带干粮”吧?但这些年我也逐渐想通了,我通过办案、撰文、讲课、组织活动已经获得广泛关注,至少在国内的刑事律师圈还小有名气,那么我又何必对一些职务、荣誉过于执着？“既然目标是地平线，留给世界的只能是背影”，我们做了什么才很重要，我们得到了什么头衔或荣誉并不重要。

2018 年 1 月，我们律师事务所年会时，我填写一首“江城子”，下阕提出“铁肩道义辩白冤，进思善，退思安，积溪成海，鱼跃随人愿。长乐未央围炉日，重分酣，共分甘”，这也暗示了我“进思善”之后要选择“退思安”。6 年来我继续为“进思善”努力，追求每年都有几个成功案例，每年都有无罪释放案例，但这些年，我开始逐渐“收心”，关心有更多的时间留给自己，实现自己早年“归隐山林”的理想。我曾说退休年龄后，主业从律师转向作家，认认真真把中外历史梳理一遍，例如成为“历史科普”作家与“法律科普”作家，让大家像读散文读小说一样轻松阅读历史、读法律。

青年律师成长，大结局应该是功成身退，把发展的机会留给后辈律师。他们可以站在旁边欣赏后辈律师的努力，在他们需要经验时及时伸出援手。律师最初是一份谋生的职业，后来发展为能帮助他人、能推动社会进步的事业。我们青年律师的态度，也应该从职业精神上升为事业精神，从寻求自身发展到帮助他人成长。知道进退，才是明智之士。

后　记

《青年律师成长三十六讲》这本书，酝酿于2023年11月8日记者节的朋友聚会上。韩宁、曾越华、张继先、王永平等律师与张晨、江勇龙、张辉雄、科蕾、墨水等记者建议我写一本关于青年律师成长的书。他们认为：一则我从普通律师逐步成长起来，走出了一条努力、借力、接力的发展之路，我的经验对青年律师发展具有现实的借鉴意义；二则我喜欢写作，可以将文笔与经验相结合，将本书分享给律师朋友阅读；三则既然我曾表示“每年写1本书”，新年度当然需要再接再厉，再添一本。2024年元宵节后，我组织了“十八相惠”茶话会，纪念来惠州18周年，一些记者与律师朋友也支持我把自己的感悟写成一本书。

朋友们的支持与鼓励使我在工作之余坚持写作，

并完成了本书。我曾在文章中把律师成长阶段分为生存期、成长期、稳定期、成熟期、成熟期,并将这5个阶段与助理期相结合,形成6个阶段的想法。在这本书正式命名时,结合法律出版社的编辑孔明林的建议,我参照去年出版的《技术辩护三十六讲》,将本书取名为"青年律师成长三十六讲",将成熟期改为品牌期。

本书是我的非虚构写作散文《三十而律:一位刑事辩护律师成长的故事》(以下简称《三十二律》)的姊妹篇。如果《三十二律》讲的是我来惠州14年如何从中学历史教师成长为刑事辩护律师、合伙人律师的故事,是我对过往经历的回顾与思考,本书则是探究青年律师从律师助理到执业律师、合伙人律师再到实现专业化、团队化,最后铸就个人品牌的精进方法;如果说《三十二律》是为了把自己的成长故事与工作感悟形成文字,留作纪念,本书则是痴长数岁的过来人总结自己的经验得失,分享给像我当初一样青涩的青年律师,希望对他们的成长与发展有所帮助。这本《青年律师成长三十六讲》也是《技术辩护三十六讲》的续篇。如果说《技术辩护三十六讲》主要以诉讼程序为脉络,谈律师如何办理刑事案件,本书则是分享律师终身学习的理念,谈青年律师如何走向成熟、形成个人品牌。

2009年我开始执业时,全国律师16.6万人。

2024 年 9 月，根据司法部的数据，全国律师人数已经达到 75 万人。大量的年轻人涌入律师行业，让人一则以喜、一则以忧。喜的是律师是个充满光明前途的行业，吸引了大量的社会精英积极加入；忧的是许多年轻人对律师行业有太多美好期待，对于如何才能从热情似火的律师助理顺利成长为严肃认真的执业律师，还缺乏指导。我曾经走过不少弯路，希望这本书对他们有所启发。

经过一年的努力，《青年律师成长三十六讲》终于要与读者见面了，如同花匠看到了花开、农夫见到了果熟。本书把青年律师的成长依次分为 6 个阶段，从选择律师事务所到职场规划，从加入团队到发掘特长，从执业安全到公益服务，帮助每个阶段的青年律师设定目标，陪伴他们稳步向前，逐步实现职业进阶。愿本书能为那些满怀信心、大步向前的青年律师提供希望的烛光。

感谢这一年来提醒我写作、帮助我校对、鼓励我完善本书的新老朋友，正是有了他们的大力支持，才有这本书的如期交稿和出版。这是我出版的第 5 本专著，距离“10 年出版 10 本书”的目标又近了一步。一名律师能把自己的经历与感想记录下来与大家分享，是一种思维的交流与碰撞，也是一种幸福的流露。如果这本书在给青年律师带来启发的同时，也能引起读者对律师行业的关注、对律师成长的关心，将是我更大的慰藉。

余安平

2024 年 11 月 7 日于广东惠州